Antonio Mira de Amescua

La adversa fortuna
de don Álvaro de Luna

Edición de Vern Williamson

Barcelona **2024**
Linkgua-ediciones.com

Créditos

Título original: La adversa fortuna de don Álvaro de Luna.

© 2024, Red ediciones S.L.

e-mail: info@linkgua.com

Diseño de cubierta: Michel Mallard.

ISBN tapa dura: 978-84-9953-527-2.
ISBN rústica: 978-84-9816-092-5.
ISBN ebook: 978-84-9897-567-3.

Sumario

Créditos _____ 4

Brevísima presentación _____ 7

   La vida _____ 7

   La historia política real _____ 7

Personajes _____ 8

Jornada primera _____ 9

Jornada segunda _____ 49

Jornada tercera _____ 89

Libros a la carta _____ 131

Brevísima presentación

La vida

Antonio Mira de Amescua (Guadix, Granada, c. 1574-1644). España. De familia noble, estudió teología en Guadix y Granada, mezclando su sacerdocio con su dedicación a la literatura. Estuvo en Nápoles al servicio del conde de Lemos y luego vivió en Madrid, donde participó en justas poéticas y fiestas cortesanas.

La historia política real

Esta obra relata una conspiración en la que participó el marqués de Santillana contra don Álvaro de Luna, el hijo ilegítimo del copero mayor de Enrique III. Álvaro de Luna entró en la corte castellana como doncel de Juan II de Trastámara con el apoyo del Papa Benedicto XIII.

Más tarde fue condestable de Castilla y representó a un poder real, aliado de la burguesía urbana, al que se enfrentaron la oligarquía castellana y los infantes de Aragón. La contienda fue larga y cruenta, el condestable sufrió destierro dos veces en 1427 y 1441.

Aunque Álvaro de Luna apoyó la boda del rey Juan II con Isabel de Portugal, la nueva Reina conspiró para que el rey lo detuviese. El 4 de mayo de 1453, durante la estancia de la corte en Burgos, Álvaro de Luna fue detenido por orden de la Reina. Álvaro, que en estos momentos poseía uno de los ejércitos más poderosos de España, no ofreció resistencia y confió en la palabra del rey de que respetaría su vida y bienes.

El 2 de junio de 1453, tras un breve juicio, fue ejecutado y su cadáver enterrado en una fosa destinada a los criminales. En 1658 el Consejo de Castilla lo declaró inocente de las acusaciones por las que había sido condenado.

Mira de Amescua escribió teatro marcado por Lope de Vega, acumulando numerosos personajes y acciones en una misma comedia. Sus argumentos son complicados y su estilo pretende la ornamentación del culteranismo.

Personajes

Alcalde de Trujillo
Álvaro de Luna, privado
Catalina, Infanta de Castilla
Conde de Benavente
Criados
Embajador de Portugal
Enrique, infante de Aragón
Grandes de España
Hernando Robles
Isabel, Reina
Juan de Silva
Juana Pimentel
Linterna, gracioso
Morales
Músicos
Nuño
Rey, Juan II de Castilla
Secretario
Soldados
Vivero
Zúñiga

Jornada primera

(Salen Robles y Nuño.)

Robles   Seas, Nuño, bien venido
a los reinos de Castilla,
de los piélagos de oriente,
de aquellas fértiles islas
del Mar Tirreno. Después
que, capitán en Sicilia,
dejaste a España, no tienen
el estado que solían
las cosas. El rey es hombre;
a empresas grandes se inclina.
Niño le dejaste, ya
conocerle no podrías
a verle sin majestad,
y la diferencia misma
en don Álvaro hallarás.
Otro es ya; mas tanto priva
con el rey como merece.
Consérvele Dios la dicha.
Y pues la Naturaleza
se mostró pródiga y rica
en sus partes, la Fortuna
a sus pies esté rendida.
Muchos títulos no quiso,
muchos cargos, que podían
hacerle rico, no acepta.
¿Qué varón hay que resista
su mismo aumento? Éste solo
se niega al bien y porfía
con acciones militares;
venciendo huestes moriscas

las honras quiere ganar
a que el amor le convida,
y aunque resistió gallardo
al rey de Navarra, el día
que a Castilla pasar quiso
sus banderas enemigas,
merced ninguna ha aceptado
hasta verse en la conquista
de Granada, donde piensa
dilatar la Andalucía.
Viudo está, ya lo sabrás,
porque murió doña Elvira
Portocarrero, que fue
del señor de Moguer hija.
El rey, al fin, como sabes,
casó con doña María,
hija del rey de Aragón,
y las bodas en Medina
se celebraron; y agora
esa grandeza que miras,
ese pasmo de los hombres,
esa pompa y bizarría,
ese concurso que ves
en San Pablo, es que bautizan
al príncipe don Enrique,
que en las amenas orillas
de Pisuerga le ha nacido
de este matrimonio. Digan
los críticos las señales
con que los cielos avisan
revoluciones o aumentos
de esta feliz monarquía.
Tres padrinos, tres señores,
han de sacarle de pila.

Don Alonso Enríquez es
uno de ellos, sangre altiva
del mismo rey, gran señor
y almirante de Castilla.
El adelantado es otro;
ya sabes que se apellida
Sandoval, y Diego Gómez
ordinariamente firma.
Es don Álvaro de Luna
el tercero; no imaginan
a este propósito mal
políticos estadistas.
Dicen que los dos oficios
a don Enrique apadrinan,
y falta el de condestable
que quedó de las rüinas
de Ruy López, y que agora
querrá el rey que se lo pida
don Álvaro, porque así
en este bautismo sirvan
los tres oficios, que son
ya, Nuño, tienes noticias:
almirante, condestable
y adelantado. La grita
y aclamaciones del vulgo
parece que nos avisan
que salen ya de la iglesia.
De este lado te retira
o acompañemos también
la soberana familia
del rey, para ver despacio
lo que tanto nos admira.

(Salen todos del bautismo: don Álvaro con un ropón y el niño, a sus lados almirante y adelantado, y el rey por otra puerta para recibir al niño. Tocan chirimías.)

Rey   ¿Cómo traéis al príncipe?

Álvaro   Cristiano
del gremio de la Iglesia, y con la risa,
como el alma es aliento soberano,
su oculto regocijo nos avisa;
tal, en florido abril, clavel temprano
muestra, rascando la sutil camisa,
en las hojas, que son esfera breve,
unas listas de sangre, otras de nieve.
    Cuando desnudo infante se miraba,
con un ceño arrugó la hermosa frente,
de lágrimas los ojos coronaba,
mayorazgo de Adán inobediente;
y apenas del primer borrón se lava
cuando, puesto el capillo transparente,
alado serafín nos parecía
que del trono de Dios se desasía.
    El mismo, ya su rostro serenado,
a la vela se asió con tal denuedo,
que apenas de su mano la ha quitado
confuso el Arzobispo de Toledo.
Acuérdome que un ángel vi pintado
alumbrando, al hacer la cruz de Oviedo,
al artífice; hoy vi su semejante
en este cielo de quien soy Atlante.
    Por edades se cuente, y no por años,
su dichoso vivir y tú le veas
conquistando los reinos más extraños,
gallardo Anquises de este nuevo Eneas.

No atienda a los mortales desengaños,
entre las garras pálidas y feas
de la muerte, hasta ver cómo desata
la prudente vejez hebras de plata.
   Alégreste de ver que excede y pasa
su edad a la del Fénix matizado
que, en árabes aromas hechas brasa,
su cuna y su sepulcro ha fabricado.
En éste, ya del Sol célebre casa,
de tus nietos te mires rodeado,
que con esto, señor, parecerías
al año con sus meses y sus días.
   En tus armas coloque la Granada
más hermosa del mundo; Enrique sea
quien aquella república cerrada
con flor de nácar en tu escudo vea;
que agora de turbantes coronada
su pálida corteza abrir desea,
mostrando por rubís y hermosos granos
racimos de valientes castellanos.
   Este pimpollo de tu ilustre copa
a Castilla dilate los extremos;
piélagos surque en atrevida popa
cuantos ocultos a los mapas vemos;
y revienten los límites de Europa
hasta que en Asia la Mayor llamemos,
a pesar de los bárbaros alfanges,
Guadalquivir al Tigris, Tajo al Ganges.

Rey
   Denle el cielo y la Fortuna
esa edad y ese trofeo,
que yo lo mismo deseo
a don Álvaro de Luna.
   Si el gran Filipo decía

cuando Alejandro nació,
que el cielo dicha le dio
porque en el tiempo nacía
    de Aristóteles, y diestro
en la virtud peregrina
bebería la doctrina
de tan divino maestro,
    lo mismo digo, que un rayo
será el príncipe temido,
pues en el tiempo ha nacido
que os podrá tener por ayo;
    y aprenderá cada día
con ejemplos singulares
las acciones militares
y cristiana policía.

Álvaro   A tanta satisfacción
el alma se rinde ya.

Rey   Condestable, bueno está.

Álvaro   Esas palabras no son
    señor, las que os he pedido.
¿Nuestro concierto, qué fue?
¡Condestable yo! ¿Por qué,
si a los moros no he vencido?

Rey   Esa modestia es bizarra,
como lo fue esa cuchilla
que retiró de Castilla
las banderas de Navarra.
    Mayor victoria es vencer
un rey cristiano que un moro.
Vuestros méritos no ignoro.

14

Si bautizó el chanciller
a don Enrique. es razón
que le hayan apadrinado
almirante, adelantado
y condestable, que son
   los cuatro oficios supremos
de Castilla. Condestable,
vuestra modestia no hable
y porque os cansáis, andemos.

(Sale Linterna de capigorrón.)

Robles   Andar.

Linterna   No andar, gran señor,
deténgase, que no es río.
Atrevimiento es el mío,
pero discúlpalo amor.
   Los sabios debemos ser
audaces con cortesía.
Yo soy de la astrología
el primero hombre, el primer
   conocedor de los cielos;
un signo soy desatado
del zodíaco, he vagado
por trópicos, paralelos,
   rumbos, climas, epiciclos,
polos, astros, horoscopos,
garamantos y galopos,
horizontes y horiciclos.
   Mi fama ha de ser eterna;
luz y guía soy del hombre,
y por aquesto es mi nombre
el licenciado Linterna.

He sido levantador
de este admirable portento
al dichoso nacimiento
del príncipe, mi señor.

(Saca un papel muy grande. Dáselo al rey.)

Veráse en esta figura
cuanto le ha de suceder.

Rey   Émulo no debe ser
de su criador la criatura.
    Lo que Dios ha reservado
para sí, no ha de inquirir
el hombre, ni debe oír
el próvido y recatado
    los sucesos que revela
la judiciaria. Si son
adversos, dan aflicción,
su noticia desconsuela;
    si son prósperos nos dan
vanagloria y confianza,
y si después hay mudanza
en los casos y no van
    sucediendo de ese modo,
más nos afligen, y así
nunca estas figuras vi.
Solo Dios lo sabe todo.
[Rómpele el papel.]   Suya es la muerte y la vida;
Él alcanza lo futuro.
Ni esto es cierto ni seguro.
La ciencia humana es fallida.
    Ningún prognóstico leo,
ni tengo crédito de él,

pero aunque rompí el papel,
tomad por el buen deseo.

(Dale una cadena.)

Linterna   Vivas más que el que no muere,
                    Fénix raro; mas no es justo
                    adivinar sin tu gusto,
                    vivas lo que Dios quisiere.
                    Y el príncipe que ha nacido
                    porque España un César vea,
                    viva, señor, viva y sea
                    lo que Dios fuere servido.

(Vanse. Tocan chirimías otra vez. Queda Linterna.)

                    Aquí que nadie me ve,
                    ¿dónde está la ciencia mía,
                    embustera astrología,
                    que yo palabra no sé?
                    ¿Qué mucho? En mí no comienza
                    este modo de engañar.
                    ¡Linda cosa es el hablar
                    con ánimo y desvergüenza!
                    Un monstruo conozco yo,
                    hecho a manera de cepa,
                    que no hay ciencia que no sepa
                    aunque ninguna aprendió.

(Sale Robles.)

Robles   Señor astrólogo.

Linterna   Pues,

ser astrólogo es ser loco.

Robles   Manda que le espere un poco
el condestable.

Linterna   ¿Quién es?

Robles   Don Álvaro, mi señor.

Linterna   ¿Desde cuándo?

Robles   Desde agora.

Linterna   Es muy dichosa esta hora,
que está en la Ursa Mayor
   muy retrogrado Saturno.
Nádir y Cénit están
en oposición del Can,
junto al luminar triurno.
   Yo me acuerdo y muy aína
cuando no era condestable.

Robles   ¡Linda memoria!

Linterna   ¡Notable!
Tomé la jacarandina.

Robles   La anacardina dirá.

Linterna   Todo lo tomo. ¿Es dador
don Álvaro, mi señor?

Robles   Ya ha venido y lo verá.

(Sale don Álvaro.)

Álvaro   Licenciado, ¿se acordó
de alzar aquella figura
que le dije?

Linterna   ¡Qué locura!
¡No preguntara más yo!
Pues estoyme aquí acordando
cosas que espantan, ¿y había
de olvidar lo que vusía
tanto me está suplicando?
El año de cuatrocientos
que nació dichosamente
tenía por ascendente
dos planetas turbulentos.
Marte y Venus, cada uno
por horóscopo tenía
a Mercurio y a su tía;
ya se sabe que ésta es Juno.
Mirando estaban de trino
Júpiter y los Triones;
y haciendo las direcciones
lo que juzgo y adivino
es que tiene la Fortuna
de hacer prodigios notables
con todos los condestables
dichos Álvaro de Luna.
Con desdichas y embarazos,
todos aquéllos a quien
hará en este mucho bien
le serán ingratonazos.
Dichoso en guerras será;
vencerá vueseñoría

tres batallas en un día;
treinta títulos tendrá.
   Vivirá contento y falso
con la fortuna en Madrid,
Toledo y Valladolid.

Álvaro   ¿Y moriré?

Linterna   En Cadahalso.

Álvaro   ¡Un lugar junto a Toledo!
¡Vive Dios!, que no he de entrar
jamás en ese lugar,
pues vivir sin verle puedo.

Linterna   Y con aqueso podrá
ser un Juan de Espera en Dios,
viviendo un siglo y aun dos.
Fénix barbado será.

Álvaro   ¿Quieres servirme?

Linterna   Sí, haré
para introducir despacio
lenguaje nuevo en palacio;
palabras inventaré
   que no las hable la villa
pues conviene segregar
lo sacro de lo vulgar.
Hable la lengua sencilla
   el poblachón, pero aquí
digan «reforma» vería
descrédito; «grosería»
está falsa; vive en sí

«desaciertos». ¿Lo garboso
va por fortuna aliñado
«desvalido», «aventurado»,
«desperdicios» y «lo airoso»,
   y sobre «el aborrecido
y olvidado» he de mover
polvaredas que han de ser
pocas nueces, gran rüido.

Álvaro   Me agrada su buen humor.
                  Hernando de Robles, mira.

Robles   ¿Qué me mandas?

Álvaro   Quien aspira
                  a medrar con mi favor,
                     una cosa ha de observar
                  solamente.

Robles   Di cuál es.

Álvaro   Oye primero, y después
                  lo sabrás. De tu lugar
                     te he sacado y te he traído
                  a mi servicio; hoy estás
                  en el del rey porque vas
                  de mi amor favorecido,
                     medrando más cada día
                  sin ser noble o principal.
                  Tesorero general
                  eres.

Robles   Dé vueseñoría
                  dos hierros en esta frente

porque debo ser su esclavo.

Álvaro
    Esa modestia te alabo.
    Lo que quiero solamente
      es que agradecido seas,
    porque me han prognosticado
    muchos el ser desdichado
    haciendo bien.

Robles
                No lo creas,
    y menos de mí, señor.
    Lo que ese astrólogo ha dicho
    es locura, es un capricho
    procedido de su humor.

Álvaro
    Ve a besar la mano al rey
    por la merced, que él lo quiere.

Robles
    ¡Mal haya aquél que te fuere
    criado de mala ley!
      ¡La Fortuna le derribe;
    muera preso en pobre estado!

Álvaro
    Solamente es desdichado
    el que mal por bien recibe.
      ¿Oís, Vivero?

Vivero
                ¿Señor?

Álvaro
    También cabéis en mi pecho.
    Su majestad os ha hecho
    ya su contador mayor.

Vivero
    Alejandro aragonés,

nuevo César, nuevo Eneas,
católico Numa, veas
Tiempo y Fortuna a tus pies.

Álvaro
    Esas lisonjas no os pido;
mayores puestos espero
que habéis de tener, Vivero;
solo os quiero agradecido.

Vivero
Muera, señor, despeñado
de un monte o algún balcón
el ingrato corazón
que el beneficio ha olvidado.

Álvaro
    Un discreto, no sé quien,
preguntado si tenía
enemigos, respondía:
«Sí, que a muchos hice bien».
    Hablad al rey, besad hoy
su mano.

Vivero
              Tuyo seré.

(Vanse los dos.)

Álvaro
Vete a casa tú.

Linterna
           Sí, haré.
A mudar de traje voy,
    porque espero ser así
presto tu enemigo fiero.
Quise decirte que espero
recibir merced de ti.

Álvaro	Te firmarás «Licenciado con espada».
Linterna	¡Qué advertido! Yo he de firmar lo que he sido y he de hacer lo que un soldado. Alférez fue en Aragón. Ordenóse. Cura era y daba de esta manera cédulas de confesión: «Ha confesado este día conmigo el señor Tomé, y por esto lo firmé, el alférez Luis García». En mi tierra conocí otra graciosa locura. Diferente era otro cura. Sus cédulas daba así: «Ha confesado conmigo el Regidor Juan Gaspar, y por no saber firmar lo firmó por mí un testigo», y firmaba el sastre.
Álvaro	Ven, que salen damas.
Linterna	¡Qué estrellas! ¡Oh, quien parlara con ellas antes! ¡Voz con moral den!

(Vase Linterna.)

Álvaro	Mi ambición es solamente

hacer bien. ¿Qué verde planta
sobre los aires levanta
verde copa, altiva frente,
    que no brinde en los caminos,
a su sombra y a sus flores,
albergue de ruiseñores,
descanso de peregrinos?
    ¿Ni qué fuentes naturales,
entre yerbas tropezando,
no hacen rumor convidando
a beber de sus cristales?
    Sale el Sol, el cielo gira;
¿qué gusanillo no alienta,
qué cóncavos no calienta,
qué no alumbra, y qué no mira?
    No seáis solo para vos,
Álvaro, en dichas seguras,
porque esto de hacer hechuras
tiene un no sé qué de Dios.
    La infanta viene; hacia aquí
me retiro. Y doña Juana,
la que aurora soberana
es del cielo para mí,
    la acompaña. ¡Ay, dulce amor,
poderosa fuerza alcanzas!
Entre guerras y privanzas
no me olvida tu rigor.

(Salen la infanta Catalina y doña Juana.)

Catalina   Doña Juana Pimentel,
                de este mal me han avisado;
                mira si tendré cuidado,
                tú me puedes sacar de él.

Habla al condestable, amiga,
favor será no pequeño,
que es el infante mi dueño
y a tales ansias obliga.
    Solo don Álvaro puede
librarme de este pesar.
Aquí está. Daré lugar
para que le hables. Quede
    con los dos mi gran dolor
para que lástima os dé.

(Vase la infanta.)

Juana (Aparte.)   A tu alteza serviré
como debo. (Calla Amor.
    Disimula, niño dios,
si en mí pretendes crecer,
porque en dándote a entender
somos perdidos los dos.
    Si hablas en esta ocasión,
me darás, Amor, enojos.
No te asomes a los ojos;
vive allá en el corazón.)
    Don Álvaro...

Álvaro   Apenas creo
que en tu voz mi nombre oí.

Juana   ¿Esto es imposible?

Álvaro   Sí,
tanto como mi deseo.

Juana   A su alteza le dijeron

que al infante de Aragón
previenen una traición
hombres que mal le quisieron,
   y que a don Pedro, su hermano,
y a él pretenden dar muerte.
El aviso ha sido fuerte;
no será el recelo vano,
   que como el infante mueve
alborotos en Castilla,
no pienso que es maravilla
si el engaño se le atreve.
   Los dos a caza han salido
y aunque el rey lo haya mandado,
sacadnos de este cuidado,
don Álvaro, yo os lo pido.
   ¿Dónde vais sin responder?
Volved acá, condestable,
dadme lugar a que os hable.

Álvaro   ¿Dónde he de ir? A obedecer.
   Órdenes que a mí me da
gusto de vueseñoría
no admiten réplica. Mía
es tanta la causa ya
   que aunque es gloria estar oyendo
y es deidad estar mirando
lo que el alma estima amando,
quiero más, obedeciendo,
   ausentar y ser despojos
de esa dicha; porque es justo
que me arroje vuestro gusto
de la gloria de mis ojos.

Juana   Impedid una traición

y a la infanta este pesar.

Álvaro
¡Qué bueno fuera llevar
para esta empresa un listón
verde de un pecho crüel!

(Tiénele ella en el pecho.)

Juana
Y su alteza no da cuenta
de esto al rey, por si él intenta...

Álvaro
Fuera para mí laurel
el verde listón, que diera
envidia a Césares.

Juana
Yo
pienso que él no lo mandó.

Álvaro
La misma esperanza fuera
y fuera abismo de glorias.

Juana
En Castilla no es razón
matar a Enrique a traición.

Álvaro
Yo porfío. Dos historias
son las nuestras, pero veo
que diferentes han sido.

Juana
Yo os hablo en esto que os pido.

Álvaro
Y yo en esto que deseo.

Juana
Digo, al fin, que ambos veremos
dicha en esto, aunque distinta.

(Andando a la puerta.)

Álvaro   Pero en esto de la cinta,
        ¿qué tenemos?

Juana   ¿Qué tenemos?
(Vuelve el rostro.) Una empresa porfiada,
        locura en que un hombre dio.

Álvaro   Ya me contentara yo
        con no veros enojada.

(A la puerta.)

Juana   Si a partido os dais, yo intento
        volver con piedad los ojos;
        digo que voy sin enojos.

(A otra puerta.)

Álvaro   Digo que yo me contento.

(Vanse los dos. Salen el infante y un criado, de caza.)

Infante   Este bosque rodeado
        de las ondas de Pisuerga,
        de quien las silvestres flores
        aprende la primavera,
        suele divertirme a ratos
        del cuidado o la tristeza,
        porque la caza arrebata
        todas las pasiones nuestras.

Criado	De ella dicen...

Infante	No me digas
	que es imagen de la guerra,
	que es vieja civilidad
	y me cansa.

Criado	¿Y si dijera
	que es inclinación real
	y las delicias honestas
	de los príncipes?

Infante	Dirías
	cosa ordinaria más cierta.
	Los monteros, ¿dónde están?

Criado	Siguen diversas veredas.

(Está uno a la puerta con una máscara.)

Infante	¿Quién es ése?

Criado	Alguna guarda.

Infante	Entremos por la maleza
	de sabinas enlazadas
	con hermosas madreselvas.

(Vanse, y salen los que pudieran con máscaras.)

Primero	Guarda del bosque ha pensado
	que soy. Salid y, cubiertas
	las caras, como quien tiene
	recelo, si no vergüenza,

haremos lo que nos mandan
los señores que desean
el sosiego de Castilla
matándolos.

Segundo   Si lo ordena
                      el rey así...

Primero   No lo creo.
                      No son acechanzas éstas
                      de quien es su primo y rey;
                      no vengan de esta manera
                      grandes reyes sus enojos.

Segundo   ¿Y los demás?

Primero   Ya rodean
                      el bosque, también cubiertos
                      los rostros, porque no puedan
                      escaparse de unos u otros.

Segundo   ¿Cuántos somos todos?

Primero   Treinta,
                      conjurados a morir
                      sin que la traición se sepa
                      de nuestras lenguas.

Segundo   Aquí
                      me parece que es la senda
                      donde vendrán a parar.
                      Aquí espadas y ballestas
                      le darán la muerte.

(Sale don Álvaro con media máscara y hace señas que se retiren.)

Primero   ¿Quién
                   es aquéste que por señas
                   retirar nos manda?

Segundo   Alguno
                   del otro puesto. Cabeza
                   será de la otra cuadrilla,
                   pues con máscara se muestra
                   ordenando nuestro intento.

Álvaro   Silencio, amigos, y alerta
                   a mi aviso.

Primero   Aquí esperamos.
                   Reconoce bien.

(Sale el infante.)

Infante   No esperan
                   los gamos, ni aun los conejos.
                   Y aun es novedad que teman
                   hoy tanto.

Álvaro   Señor infante,
                   salga del bosque, tu alteza,
                   por esa parte que el río
                   con murallas de agua cerca.
                   Suba luego en su caballo,
                   porque darle muerte intentan
                   aquellos hombres que mira,
                   mejor diré, aquellas fieras.

Infante	¿Y sabéis quién los envía?

Álvaro	No, señor. No se detenga
	vuestra alteza; huya en tanto
	que yo con maña o con fuerza
	los entretengo.

Infante	El caballo
	ha quedado, amigo, fuera
	del bosque, y el ancho río
	por aquí no se vadea.
	Mal podré escaparme.

Álvaro	¿Mal?
	Pues, señor, ánimo y mueran
	los traidores, o muramos
	los dos en vuestra defensa;
	aunque primero he de ver
	cuánto el artificio pueda.

(Hace señas que se vayan.)

Primero	Que nos vamos dice; creo
	que nos engaña.

Segundo	Quién sea
	no sabemos, y el infante
	está solo. No se pierda
	la ocasión. Acometamos.

Álvaro	Si la maña no aprovecha,
	apelemos a la espada,
	señor, la dicha de César
	va con vos.

Infante	Y aun el valor según bizarro te muestras.

(Riñen.)

Primero	Un rayo del cielo ha sido quien le ampara; resistencia es invencible. El hüir agora nos aprovecha.

(Vanse.)

Infante	La vida, amigo, te debo. ¿Quién eres?
Álvaro	Quien no desea paga de aqueste servicio.
Infante	Descubre el rostro.
Álvaro	No quieras obligarte a nadie.
Infante	Amigo, en esto, ¿qué me aconsejas? ¿Iré a palacio?
Álvaro	¿Pues no?
Infante	Temo que mi muerte intentan el rey y su condestable; y así me he de ir a Villena.

Álvaro	Cuando me importa el honor
	se acabaron las finezas
	de no darme a conocer.
	No imagine vuestra alteza
(Descúbrese.)	que mi rey ni el condestable
	muerte ni mal le desean.
Infante	Álvaro, dame los brazos.
	¿De quién Enrique pudiera
	sino de ti recibir
	la vida? Tuya es mi hacienda,
	mi honor, mi vida, mi alma.
Álvaro	Solo quiero que agradezcas
	mi voluntad, porque yo
	hago bien solo con esta
	ambición.
Infante	Tú me casaste,
	tú me das la vida. ¡Quieran
	los cielos...!
Álvaro	Que no me pagues
	como suelen todos.
Infante	¡Ea,
	deja tal desconfianza!
	Otra vez, bien se me acuerda,
	te di la mano y palabra
	de ser tuyo.
Álvaro	Vuestros sean
	los reinos de Asia, señor.

Infante	Y tuya la fama eterna.
	a Ocaña quiero partirme,
	que mi pecho no sosiega.
(Danse las manos.)	Adiós, don Álvaro.

Álvaro	Él vaya,
	gran señor, con vuestra alteza.

Infante	Tu amigo soy.

Álvaro	Yo tu esclavo.

Infante	No temas que ingrato sea.

Álvaro	Sí temo, porque eres hombre
	y es tal su naturaleza.

(Vanse. Salen el rey y tres grandes con un memorial.)

Primero	A un reino conmovido,
	¿qué prudencia de rey ha resistido?
	Y más, cuando es justicia
	lo que el común pretende y no malicia.

Segundo	Señor, el reino intenta,
	no en modo descortés ni acción violenta,
	que se ejecute luego
	para bien de Castilla y su sosiego
	lo que aquí se contiene,
	que cuando injusto fuera, te conviene.

Primero	En justa razón hallo
	que importa más un reino que un vasallo;
	y cuando tal importe,

salga cualquiera de tu ilustre corte.

Rey   Yo lo veré despacio.

Primero   Eso no puede ser. Aquí en palacio
               el cumplimiento esperan
               los grandes de Castilla.

Rey   ¿Qué ver quieran,
               de la envidia llevados,
               los vasallos leales desterrados?

Segundo   No es rigor conveniencia
               que a tus reinos importa.

(Vanse.)

Rey   ¿Qué paciencia
               tendré correspondiente
               a la pasión colérica que siente
               el alma? ¡Ah, quién hiciera
               lo que un rey de Aragón y ejemplos diera
               de justicia y rigores
               cortando en el jardín todas las flores
               que empinaran el cuello!
               Simple era el monje rey; sabio fue en ello.
               ¡Ah, quién hiciera agora
               lo que mi padre, que en los cielos mora,
               quitando a éstos el brío!
               Mas no es agora igual el poder mío.
               ¡Qué de mi corte y casa
               destierre yo a don Álvaro! ¿Esto pasa?
               Confuso estoy. ¡Qué pida
               el reino tal crueldad, si de mi vida

es la mitad! ¡Ah, cielo!
El consejo me falta y el consuelo.
Si no les satisfago
su envidia torpe, mi poder deshago;
si a don Álvaro pierdo,
ni soy dichoso rey, ni amigo cuerdo.
Mas cuando al cumplimiento
de este destierro venga, ¿con qué aliento
si amor no da licencia,
podré notificarle la sentencia?
¿Cómo mis propios labios,
si bien le quieren, le dirán agravios?

(Sale doña Juana.)

Juana   La Reina, mi señora,
espera a tu majestad.

Rey   Dame agora
valor y aliento, Juana,
que no puede mi lengua ser tirana.
El reino me ha pedido
lo que en este papel verás, y ha sido
tanto su atrevimiento,
que sin fuerzas me deja y sin aliento
con que palabra alguna
decir pueda a don Álvaro de Luna.
Caso tan impaciente
de ti lo escuchará más dulcemente;
dile tú lo que pasa:
el reino le destierra de mi casa,
y yo, por no perdello,
forzado de los grandes vengo en ello.

Juana

Señor, ¿cuándo las damas
secretarios han sido? ¿A mí me llamas
para intimar sentencia
que la envidia escribió con tal violencia?

Rey

Sí, Juana, porque es bueno
que al amigo se dé dulce el veneno;
cuando es la causa fuerte,
piedad suele tener la misma muerte.
Mi grave sentimiento
se templa, y el rigor de su tormento
a menos mal provoca
oyéndolo del aire de tu boca.

(Siéntase el rey.) Él viene; aquí me empeño
en un grave dolor; yo finjo sueño
por no ver su semblante;
verle no quiero y quiero estar delante.
¡Quién durmiese de veras
por no escuchar palabras lastimeras!

Juana

Si para tanta crueldad
al rey le falta el valor,
¿cómo ha de hacer el Amor
lo que teme la amistad?
Faltábame a mí piedad
para dejar de sentir
lo que no osaré decir;
mas si lo pude leer
sin morir, bien podrá ser
que lo diga sin morir.

(Sale don Álvaro.)

(Aparte.) (Excusa el rey su dolor

y a mí me le da doblado;
que la amistad no ha alcanzado
las finezas del amor.
Si yo estimo el resplandor
de esta Luna, aunque advertidos
se recaten mis sentidos,
o ya honestos o ya sabios
¿cómo han de poder mis labios
dar veneno a sus oídos?)

Álvaro (Aparte.)   (¡Durmiendo el rey, y leyendo
con turbación un papel
doña Juana Pimentel!
Novedades estoy viendo.
Cuando en mí mismo no entiendo
si es cuidado o si es temor,
¿qué mucho que sin valor
mis ojos estén inquietos
si ven juntos sus objetos,
la privanza y el amor?)

Juana   Condestable.

Álvaro   No despierte
la voz al rey; hable paso,
vueseñoría.

Juana (Aparte.)   (Si en caso
tan riguroso y tan fuerte
en hielo no se convierte
la voz, ¿cómo puede hablar
paso la que quiere dar
voces, que remedio son
para echar del corazón

tantos siglos de pesar?)
  Don Álvaro, desdichado
fuera el hombre a no tener
alma inmortal y a no ser
un bosquejo trasladado
del mismo que lo ha criado
porque excedido se viera
de los brutos, de una fiera,
o un pajarillo pequeño,
y siendo el hombre su dueño,
miserable animal fuera.
  Y es su excelencia mayor
digna que se estime y precie,
que los brutos de una especie
tienen paz, tienen amor
entre sí y se dan favor,
y solo el hombre es crüel
con el hombre, porque en él
nunca hay paz, y siempre lidia.
Rasgos son de humana envidia
las letras de ese papel.

(Dale el memorial.)

Álvaro (Aparte.)   (Déjame tan prevenido
que ya es fuerza que al leer
el rayo no venga a ser
tanto como el trueno ha sido.)

(Lee.)   «Señor, el reino ha advertido
que don Álvaro pretende
mandarlo todo.» Él ofende
mi intención y mi lealtad.
No dice el reino verdad;

41

mas la envidia, ¿qué no emprende?

(Lee.)   «Causa ha sido su ambición...»
¿Ambición es fe sencilla?
«...que nos den guerra en Castilla
los infantes de Aragón,
y así muchos grandes son
de su parte, por lo cual
en conveniencia real
que el condestable no esté
en la corte». Mayor fue
el temor del mal que el mal.
    Letra de Robles parece...
¡Vive Dios, que es de su mano!
Quien hace bien a un villano,
quien a un traidor favorece,
esta ingratitud merece.
Mas, ¿qué mucho, si en aquel
divino y santo vergel
labró Dios una figura
que, en mirando su hermosura,
se rebeló contra Él?)
    Mi señora, cuando importe
al rey, mi señor, mi ausencia,
no es más agria esta sentencia.
España será la corte,
y a los piélagos del norte
me pasaré, al mar profundo
que ve el Ponto sin segundo;
o por ver si verdad fue
que hay antípodas, me iré
buscando otro nuevo mundo.

Rey   Sois ingrato y desleal

a mi grande amor. ¿Así
sentís el dejarme a mí?
¿Cosa que llevo tan mal
que aun el ánimo real
me ha faltado, ¡vive Dios!,
para decíroslo? ¿Ah, vos
sentís alegre y cortés?
No, condestable, no es
amistad la de los dos.

Álvaro   Rey y señor, si el no verte,
supuesto que es mi desgracia,
fuera perder yo tu gracia,
éste fuera trance fuerte,
sombra y líneas de la muerte.
Esto sí fuera sentir,
esto sí fuera gemir,
esto sí fuera llorar,
esto sí fuera rabiar,
esto sí fuera morir.
    Pero importando al sosiego
de tu reino mi partida,
atropéllese mi vida,
muera o ausénteme luego;
que aunque con el alma llego
a sentir tu ausencia yo,
aquél que honrado nació
y sus costumbres ordena
siente el merecer la pena,
pero el padecerla, no.
    Bien sabe tu majestad
que no soy merecedor
de este envidioso rigor,
porque a ser esto verdad,

¿qué paz, qué amor, qué piedad
hallara yo en tu semblante?
Pero a un ánimo constante
no ha de turbar ni mover
la envidia, que ha de tener
las finezas del diamante.

Rey   Condestable, yo no soy
tan filósofo moral;
vuestra ausencia llevo mal,
tristeza al semblante doy.

Álvaro   Rey mío, esforzando estoy
lo que el alma calla y siente.
Sabe Dios si estando ausente
yo sentiré más dolor,
porque en materias de amor
es más tierno el más valiente.

Juana (Aparte.) (Y quien oye a la amistad
hacer aquestos extremos,
¿qué siente? Disimulemos,
Amor, tirana deidad
de la humana libertad.)

Álvaro   En Aillón me estaré yo.

Rey   ¿Es tuyo? Pienso que no.

Álvaro   ¿Tu merced olvidas?

Rey   ¿Quién,
si es amigo, hombre de bien,
se acuerda de lo que dio?

Álvaro   Solo se debe acordar
               quien ve que el que lo recibe
               desagradecido vive.

Rey   Tu ausencia dará lugar
               a que pueda sosegar
               esta envidiosa porfía.
               Escríbeme cada día.

Álvaro   ¡Cómo pudiera vivir
               callando sin escribir
               afectos el alma mía!

Rey   ¿Y qué tiempo estaré yo
               sin vernos?

Juana (Aparte.)   (¡Amor extraño!)

Álvaro   Un año.

Rey   Siglo es un año,
               Condestable. Un año, no.

Juana (Aparte.) (Con mi lengua misma habló.)

Álvaro   Medio estaré.

Rey   No han de ser
               sino tres meses.

Álvaro   Hacer
               tu voluntad determino.

Rey
       Y toma para el camino
       el ducado de Alcocer.

Álvaro
         Beso tus pies.

Juana (Aparte.)
               (¡Quién le diera
       el favor que me pedía!
       Modo falta, no osadía,
       que ya siento de manera
       su ausencia, que le dijera
       lo que el rey. ¡Ah, listón verde!
       ¡Qué dulce ocasión se pierde
       de que vos suyo seáis,
       para que allá le digáis
       que si amó, de mí se acuerde!)

Álvaro
         Viviera fuera de mí
       a no haber de verte presto,
       y podré decir con esto
       que te dejo a ti por ti.
       Tu quietud pretendo así.
       Vive en paz. Reina, señor,
       sin este inquieto furor
       y aquél que servirte sabe,
       ya que en tu corte no cabe,
       quepa al menos en tu amor.

Rey
       Ese ha de ser inviolable.
       Pílades sois de mi gusto.

Álvaro
       Di Mecenas con Augusto.

Rey
       Abrazadme, condestable.

Álvaro	Calle Alejandro, no hable su privado Efestión.
Juana (Aparte.)	(Amor me da la ocasión ¡Ea, modestia importuna, sirva de rayo a esta Luna la plata de este listón!)

(Abrázanse el rey y don Álvaro. Da el listón doña Juana a don Álvaro.)

(Aparte.)	(¡No me vio el rey!)
Álvaro	Juraré que, al tocar tus brazos yo, dos favores recibió un alma, un pecho, una fe. ¿Qué esperanza no tendré, si en tus brazos merecí, si con ellas recibí el favor más eminente que al Sol coronó la frente de topacio y de rubí?
Rey	Adiós, Álvaro.
Álvaro	Sin dos almas voy.
Rey	Tenga mañana cartas.
Álvaro	Adiós, doña Juana.
Juana (Aparte.)	(Responder no puedo.)

Adiós,
condestable.

Rey
                                    ¿Cómo vos
no me miráis?

Álvaro
                                No me atrevo.

Rey
            Mucho os amo.

Álvaro
                            Mucho os debo.

Juana (Aparte.)   (Mucho callo.)

Rey
                            ¡Qué dolor!

Juana (Aparte.)   (¡Qué cuidado!)

Álvaro
                            ¡Qué temor!

Rey
            Triste voy.

Álvaro
                        Pesares llevo.

(Vanse los tres, cada uno por su puerta.)

Fin de la primera jornada

Jornada segunda

(Salen don Álvaro y Linterna.)

Linterna	Gracias a Dios que te veo volver a la corte ya.
Álvaro	¿Qué hay de nuevo por acá?
Linterna	Hay un general deseo de verte en los corazones. Lo que pasa, Alá saber.
Álvaro	Si máscaras suelen ser lisonjas y adulaciones que nos cubren el semblante, ¿quién verá lo verdadero?
Linterna	No quedará caballero que no salga de portante a recibirte, por verte de su rey favorecido. De él se cuenta que ha sentido más tu ausencia que la muerte de la Reina.
Álvaro	Calla, necio. Sentimientos y cuidados de los reyes son sagrados, de tal deidad, de tal precio, que no los ha de juzgar la plebe, ni discurrir sobre el obrar y sentir de su rey. En lo vulgar

te pregunto, ¿qué hay de nuevo?
Deja aparte lo sagrado.

Linterna   Si de eso me has preguntado,
poca estimación te debo.
   Sabe que tienes de hallar
monstruos que en la corte espantan.
Yo vi músicos que cantan
sin hacerse de rogar;
   yo vi sana a una ramera,
yo vi celoso un marido,
un culto que se ha entendido
y un calvo sin cabellera;
   una vieja sin gruñir
y sin fingirnos cuidado,
y una moza que ha hablado
tres palabras sin pedir.

Álvaro   Ya disparatas, no espero
que tu gusto me entretenga.

Linterna   Juan de Silva viene.

Álvaro   Venga,
que es honrado caballero.

(Sale Silva.)

Silva   Déle, señor, vueselencia
a éste, su hechura, los pies.

Álvaro   Juan de Silva, amigo, ¿qué es
«excelencia»?

Silva	Es diferencia
	que inventó la cortesía .
	para que entre los señores
	se conozcan los mayores.
Álvaro	¿No bastaba «señoría»?
Silva	Ya así a los grandes se dice.
Álvaro	Acepto el tratarme así,
	como no comience en mí,
	que un privado es infelice
	con el pueblo cuanto suele
	ser dichoso con su rey.
	Sin el freno de la ley
	le murmuran, aunque vele
	sobre sus mismas acciones
	y se ajuste a la razón.
	En mí llaman ambición
	el recibir galardones
	de las manos liberales
	de mi rey; pero, ¡paciencia!
Silva	¿Y cómo está vueselencia
	detenido aquí en Cigales?
Álvaro	Hasta ver segundo aviso
	de su majestad, a quien
	mi llegada escribí.
Silva	Bien
	su prudencia estimó y quiso
	su majestad.

Linterna   Por la arena
corriendo aprisa aunque suden,
mientras sienten miel, acuden
zánganos a la colmena.
    Cuando al destierro saliste
eras colmena vacía,
poca gente nos seguía;
pero agora que volviste
    a la corte y al amor
del rey, te van aplaudiendo.
Vélos, señor, conociendo;
vélos marcando, señor.

(Salen Robles y Vivero.)

Vivero   Vueselencia dé los pies
a sus criados.

Robles   Y sea
bien venido, pues desea
Castilla, por su interés,
    esta dichosa venida
con que a mí el vivir me dais.

Álvaro   Como vos la deseáis
sea, Hernando, vuestra vida.

Robles   Sí, señor.

Álvaro (Aparte.)   (Sí, lo sería
si yo vengativo fuera.)

Robles   La corte alegre os espera,
y hoy miramos alegría

en el semblante severo
del rey. Plebeyos y nobles
aclamándoos están.

Álvaro   Robles.

Robles   ¿Señor?

Álvaro   Preguntaros quiero
(Saca un papel.)   si esta letra conocéis.
(Aparte.)   (La cólera y la razón
                        nunca sufren dilación.)
                        Ni os turbéis, ni la neguéis.

Robles   Confieso que la escribí,
                    pero, señor...

Linterna   ¡Qué no hay «pero»!
                    Vos sois lindo majadero.

Álvaro   Y yo aquel villano fui
                        que la serpiente abrigó;
                    que muerda no es maravilla.

Robles   Los señores de Castilla,
                    sin tener la culpa yo...

Álvaro   Bueno está, no deis disculpas,
                    que ya sé que en vuestra casa
                    dos juntas hizo la envidia
                    de mis émulos. ¿Qué causa
                    os he dado para ser
                    escritor de las palabras
                    que este memorial contiene,

53

mentirosas y villanas?
¿Por haceros bien y honraros
merezco vuestra desgracia?
Una de dos: o tenéis
de confesar que vuestra alma
es ingrata y sois traidor,
o que merezco la infamia
de este papel; porque vos,
siendo una persona baja,
no habéis merecido nunca
las mercedes soberanas
de mi rey, y me castigan
por haber sido la causa.
Que escriben los naturales
admirables alabanzas
de brutos agradecidos,
y el hombre, imagen sagrada
de Dios, apenas lo sea.
Que de las azules garras
de una serpiente librase
a un águila hermosa y parda
un piadoso labrador,
que a coger las ondas claras
llegó de una fuentecilla,
y luego al beber el agua,
el águila, agradecida,
le derribó con las alas
el vaso, porque el veneno,
que el labrador ignoraba
y vomitó la serpiente
sobre la líquida plata,
no le matase. Que un hombre,
en los desiertos de Arabia,
sacase una aguda espina

a un león cuando bramaba
estremeciendo los montes
y derribando las palmas
de dolor, y que después,
saliendo este hombre a la plaza
de Roma, echado a las fieras,
aquella bestia inhumana
reconoció agradecida
al bienhechor, y a sus plantas
se postró, siendo muda:
«Aquí mis dientes no matan
al que la salud me ha dado;
su defensa soy y guarda».
¡Qué confusión! ¡Qué vergüenza
de los hombres! ¿Qué pensabas
cuando estas letras hacías,
menos que fiera, si agravias
con villana ingratitud
la naturaleza humana,
pues el águila y león
te enseñan y te aventajan?
¡Vive Dios!, que a tal traición
no hay condición recatada,
no hay prudencia, no hay paciencia,
todo es ira, todo es rabia.
Pudiera darte la muerte
el acero de esta daga,
mas quiero que sepa el mundo
que mi razón no te mata
porque me hiciste una vez
un gusto, y así mi alma
quiere ser agradecida,
no acudiendo a la venganza
por darte ejemplo con esto;

que las piadosas entrañas
del hombre noble perdonan,
por un servicio, mil faltas,
y es mejor agradecer
el corto bien que se alcanza
que vengar muchas injurias,
que uno da honor y otro agravia.
Acuérdome que dijiste:
«Muera en prisión triste y larga
quien no fuere agradecido».
Persígante tus palabras;
vete en paz; sigue tu estrella.
Tú, Vivero, en esta causa
toma ejemplo y escarmienta;
y si mi piedad te engaña,
advierte que no está siempre
nuestra cólera enfrenada,
que algunas veces se suelta
y la paciencia nos falta.

Linterna   Señor, el rey de Castilla,
de León y las montañas,
de Toledo y de Sevilla,
el príncipe de Vizcaya,
el hijo de don Enrique,
el soberano monarca,
el nieto del rey don Juan,
el primero hombre de España...

Álvaro   ¿Qué dices, bestia?

Linterna   Que viene,
si mis antojos no engañan.
Suya es aquella carroza;

56

ya llega cerca, ya para,
ya levantan el estribo,
ya sale fuera, ya aguarda
que a sus pies llegues. Camina,
que tu dicha te acompaña.

(Sale el rey, de camino y acompañamiento.)

Rey   Álvaro, amigo.

Álvaro   ¿Señor?
¿La corona castellana,
el blasón de Europa sale
de su trono y de las aras
de su deidad, y recibe
con honras extraordinarias
sus hechuras?

Rey   Condestable,
en mi edad, si bien no larga,
nunca tuve mejor día.
¡Oh, cuánto ver deseaba
tal amigo! ¿Cómo vienes?

Álvaro   Alegre, como quien halla
tantas honras y mercedes
y rey que un amor me paga
tan inmenso y tan profundo,
que la luz hermosa y clara
era sombra de la muerte
en su ausencia. En las bizarras
manchas del cielo y estrellas
solo de noche miraba
con memoria de mi rey.

La corona de Ariadna,
entre los confuso sueños,
como no está ociosa el alma,
me representaba especies
de algunas cosas pasadas
entre los dos; y si acaso,
entre horrores y fantasmas,
se turbaba el sueño, todo
era ver águilas pardas
y leones, por ser reyes
de los brutos. Y aun hallaba
basiliscos, animales
que reyes pequeños llaman,
porque traen una corona
de reyes, verdes y blancas.
Si a divertir mis pesares
salí a las verdes campañas,
solo el hermoso granado
los ojos me conquistaba;
porque entre ramos de murta,
y entre las flores de nácar,
como un monarca del campo
da su fruta coronada.

Rey

Yo, amigo, podré decirte
que la Luna contemplaba
muchas veces cuando hermosa
hurta al Sol rayos de plata,
por ser tu nombre, y decía:
«Si yo soy el Sol de España
y he de iluminar mi Luna,
¿qué mar, qué tierra pesada
se ha puesto en medio y no deja
que penetre esferas altas

mi luz hiriendo y dorando
de rosicleres su cara?».
Sosegué al fin el eclipse
que la envidia te causaba.
Llaméte, viniste y yo,
viviendo en tristeza tanta,
salgo a alegrarme, y te doy
con obras, no con palabras,
la bienvenida. Eres duque
de Escalona y de Riaza.

Álvaro   Y esclavo del rey don Juan.

Rey   ¿Quién es el que te acompaña?

Álvaro   Juan de Silva, un caballero
que por sus partes gallardas
estimo.

Rey   Y aquel traidor,
este ingrato en cuya casa,
que ya lo supe, se hizo
la conjuración pasada
contra ti, ¿se atreve agora
a vernos? Ya tengo causas
para derribarle. En éste
el castigo no es venganza.
Sea mi alférez mayor
Juan de Silva, y porque haga
luego algún servicio, prenda
a Hernando de Robles.

Silva   Gracias
de tan gran merced te dé,

César español, tu fama...

Robles   Señor, ¿en qué te he ofendido?

Rey   En muchas cosas. ¿No basta
          comunicar con naciones
          a mi corona contrarias?
          ¡La hacienda le secrestad!

Linterna La Fortunilla voltaria
          ha dado patas arriba
          con toda vuestra arrogancia.
          Señor Juan de Silva escuche.
          Crió un villano en su casa
          un cochino y un jumento.
          Al cochino regalaba
          tanto, que al jumento mismo
          daba envidia, que esta falta
          es muy de asnos. Llegó el día
          de San Martín, y escuchaba
          el asno grandes gruñidos.
          Asomóse a una ventana,
          vio al miserable cochino,
          el cuchillo a la garganta,
          que roncaba sin dormir.
          «¿Para aquesto le engordaban?»
          dijo el asno, «Voyme al monte
          por leña; venga mi albarda».
          Subiste; llegó tu día;
          roncando vas tu desgracia;
          vuélvome a mi astrología;
          ser mozo de espuelas basta.

Robles   ¡Bárbaro loco, por vida...!

60

(Vanse Robles y Silva.)

Linterna   Gruñidos son. No me espantan.

Álvaro   Honras me das infinitas.

Rey   Vivero.

Vivero   ¿Señor, qué mandas?

Rey   Mi camarero sois ya.

Vivero   Beso tus pies.

Rey   Dad las gracias
                    a don Álvaro; por él
                    todas mis mercedes pasan;
                    de él reciben la virtud,
                    a la manera del agua.
                    Con mercedes y castigos
                    se han visto bien gobernadas
                    las repúblicas.

Álvaro   Del orbe
                    seas singular monarca.

(Vanse todos. Salen Catalina con una carta y Juana.)

Catalina   El infante me ordena en esta carta
                    que a Trujillo me parta,
                    villa que el rey nos dio, y quitó a Villena.
                    Colérico me ordena,
                    sin duda, esta partida.

Alguna guerra tienen prevenida
el de Navarra y él; y el rey mi hermano
tendrá sosiego en vano
en tanto que mis primos
en Castilla estuvieren. Bien lo vimos
en el año pasado,
que con estar conmigo desposado,
a Castilla turbó paz y sosiego
don Enrique, aunque luego
se redujo a la paz.

Juana   ¿Qué causa puede
mover a los infantes
y a los grandes que siguen su partido
agora a nuevas guerras en Castilla?

Catalina   Solo ver que concede
tanta mano como antes
a don Álvaro el rey.

Juana   ¿Siempre no ha sido
lo mismo? ¿Es novedad, es maravilla
que quiera bien un rey a algún criado?
¿Quién no tuvo privado?
En príncipes y reyes
cuantos al mundo dieron justas leyes,
así en sacras historias
como en profanas, ven nuestras memorias
ejemplos tan frecuentes
que son comunes ya a todas las gentes.
¿No ha de tener el rey quien la fatiga
del peso del Reinar le sobrelleve,
quien la verdad le diga,
con quien él comunique lo que debe

hacer en las materias más dudosas?
¡Oh, condición humana! ¡Oh, rigurosas
costumbres de los míseros mortales!
Que siempre las envidias son fatales
al que el rey quiere bien; nadie repara
cuán trabajosa y cara
es aquella privanza
si un hora breve de placer no alcanza.

Catalina   Don Álvaro ha llegado;
quiero dar cuenta al rey de mi cuidado.

Juana   Y yo, si vuestra alteza
ausenta de palacio su belleza,
licencia pediré. Muerta María,
la Reina, mi señora, a quien servía,
¿qué he de hacer?

Catalina   Doña Juana,
volveráse a casar el rey mañana.

Juana   Vuestra alteza, señora,
es el dueño que yo venero agora.

(Vase Catalina. Salen Álvaro y un embajador.)

El parabién de la venida quiero
dar aquí al condestable.
Esperaré que hable
con este caballero.

Álvaro   Digo, señor, que en esto no habrá duda.
Con Isabel de Portugal sin falta
el rey se casará. No lo he tratado

con él, pero está bien el casamiento
a Castilla, y así doy la palabra
al maestre de Abís de que está hecho.

Embajador   Al maestre diré que vueselencia
le hace esta amistad.

Juana (Aparte.)   (Si no me engaño
de casamiento tratan. No me han visto;
quiero acercarme más.)

Álvaro   ¿Es Isabela
hermosa?

Embajador   Sí, señor, este retrato
lo asegura fiel.

(Dale un retrato.)

Álvaro   Quedo agradado.
Al maestre decid que esto está hecho;
la palabra le doy, y a vos la mano.
Las bodas no tendrán impedimento;
prevéngase Isabel mientras yo aviso.

Juana (Aparte.)   (Que siempre la mujer escuchar quiso
por su daño. ¡Ay de mí! (¿Qué estoy sintiendo?)

Embajador   Esa respuesta llevo.

(Vase el embajador.)

Álvaro   Al maestre de Abís amistad debo.

Juana	Cuando, por haber llegado,
	veros, condestable, quiero,
	no sé qué he de dar primero,
	si el parabién de casado
	o el de la vuelta dichosa.
(Aparte.)	(No siente mucho pesar
	quien puede disimular;
	turbada estoy y celosa.)
Álvaro	Aquí y ausente también
	vuestro soy y por vos vivo.
	La bienvenida recibo,
	mas no entiendo el parabién.
Juana (Aparte.)	(Todo lo concede así
	quien niega lo que escuché.
	¡Ay, falso! ¡Ay, hombre sin fe!
	Quiero volver sobre mí,
	encubramos el tormento,
	corazón.) En Portugal
	sé que os casáis. No hacéis mal,
	que es ilustre el casamiento,
	y aun es Isabel hermosa;
	ese retrato lo diga.
(Aparte.)	(Desdichada es mi fatiga;
	vileza es ser envidiosa.
	¡Quién pudiera no sentir
	lo que miro y lo que escucho,
	mas no debe de ser mucho,
	pues lo he sabido encubrir!)
Álvaro	Este retrato, señora,
	podrá responder por mí;
	para el rey lo recibí;

su casamiento es agora
  el que se trata, no el mío.
Isabel de Portugal
es la consorte real,
cuyo rostro, cuyo brío
  ha trasladado el pincel
con tan valiente destreza,
que dejó a Naturaleza
con envidia y celos de él.

(Dale el retrato.)

Juana (Aparte.)   (¿Si me dirá la verdad?
Sí, que mal será traidor
hombre de tanto valor,
hombre de tanta piedad.
  Agora en el alma mía
los celos se han de mostrar;
callarlos supo el pesar,
y no sabrá la alegría.)

Álvaro   Ésa mi Reina ha de ser;
en Castilla ha de Reinar.

Juana   Comencémosla a estimar,
reverencia le he de hacer.
  Vengas muy enhorabuena
a los reinos de Castilla,
portuguesa maravilla.
(Aparte.)   (Todavía me da pena.
  Teme el alma todavía,
que como fue grave el daño,
aunque vino el desengaño,
de su salud desconfía.)

(Vuélvele el retrato.)

Tomad, condestable.

Álvaro
                                    Agora
saber de vos me conviene.

Juana   No puede ser, que el rey viene.
                 No os halle aquí.

Álvaro   Adiós, señora.

(Vase don Álvaro.)

Juana   Tanto es este amor, que muero
                 con el susto y el espanto.
                 Corrida estoy de amar tanto;
                 no he de amar, olvidar quiero.
                     Mas, ¿cuándo se ha pretendido
                 olvidar? ¡Qué loco error!
                 Sin querer viene el amor,
                 sin querer venga el olvido.

(Sale el rey con un retrato.)

Rey   Juana.

Juana   ¿Señor? Tu presencia
                 deseada de mí está,
                 que si su alteza se va,
                 fuerza es pedirte licencia
                     para irme a Benavente.

Rey	¿Cómo, Juana, cuando trato,
	bien lo muestra este retrato,
	de casarme brevemente?
	¿Irte de palacio? No;
	ya se sabe cómo estimo
	sangre del conde mi primo.
(Siéntase.)	Presto tendré dueño yo,
	y presto tú le tendrás,
	nuevo Sol y luz de España.
Juana (Aparte.)	(Don Álvaro no me engaña.)
Rey	Aquí, Juana, lo verás.
	Mira este cielo francés,
	a cuyo divino Sol
	se pone el reino español
	por tapete de sus pies.
	Resiunda es la francesa
	que vivifica el pincel.
Juana (Aparte.)	(¡Ay de mí! ¡No es Isabel!)
Rey	Ésa es la lis, flor es ésa
	que hoy elige mi albedrío,
	porque lirios soberanos
	a leones castellanos
	con el aliento den brío.
Juana	¿Francesa Reina nos das?
Rey	Juana, sí; no es maravilla,
	que a Francia ha dado Castilla
	Reinas santas.

Juana (Aparte.)   (Ya no más,
                          fiero amor, no más traición,
                          que mi rabia y mis enojos
                          arrojan hoy por los ojos
                          pedazos del corazón.
                             El engaño siento más
                          que la traición que me ha hecho;
                          no cabe el alma en el pecho.)

Rey   ¿Qué tienes? ¿Adónde vas?

Juana   Ese retrato, señor,
                          ha acordado al alma mía
                          la Reina doña María,
                          y enternéceme su amor.
                             Bien me quiso, y llanto doy
                          del alma sin resistir.
(Aparte.)   (Si hay mayor mal que el morir
                          a buscar ese mal voy.)

(Vase doña Juana.)

Rey   Aunque más en hielos arda
                          por accidente o valor,
                          pienso rendirme al amor
                          por vos, francesa gallarda.
                             A nadie dije mi intento,
                          mas ya que estoy inclinado,
                          Reina sois de mi cuidado,
                          Reina de mi pensamiento.

(Sale don Álvaro.)

Álvaro   Solo está el rey, y un retrato

69

contempla con atención;
¿si tuviese otra intención
cuando de casarle trato?
   Mal hice en no darle cuenta
primero de mi deseo.
Empeñada en esto veo
mi palabra; mas, ¿qué intenta,
   qué pretende, qué imagina,
sin que yo lo sepa? Nada.
Según esto, ni le agrada
el retrato, ni se inclina.
   Sospecho que está dormido.

(Acércase al rey.)   Tanto pueden los cuidados
en los ojos desvelados
de un rey sabio y advertido
   que, como el sueño es ladrón
de la mitad de la vida,
si ve al alma prevenida,
suele embestir a traición
   Este retrato le quito
y le pongo el de Isabel.

(Truécale el retrato.)   despierte o no, porque en él
mi negocio solicito.
   Si Reina obligada tengo
a mi maña y mi cuidado,
podré vivir descuidado;
hombre es el rey y prevengo
   con aquesto otra coluna
que la envidia no derribe,
y en quien la máquina estribe
de mi próspera fortuna.

(Retírase. Despierte el rey.)

Rey	Rapto del sueño veloz
	venció mis ojos. Pintura,
	si a vos, en tanta hermosura,
	os falta solo la voz,
	en el sueño parecidos
	habemos los dos estado;
	que el hombre es hombre pintado
	cuando duermen sus sentidos.
	¿Qué es esto, Amor? ¿Quién se atreve
	a volver sombras oscuras
	perfiles de estrellas puras,
	líneas de luz y de nieve?
	¿Qué occidente o mar helado,
	qué nube sin arrebol
	hurtó de mi mano el Sol
	y la sombra me ha dejado?
	¿Qué envidia, qué amor, qué mal
	transformó con arrogancia
	los bellos liros de Francia
	en Quinas de Portugal?
Álvaro (Aparte.)	(No le ha parecido bien;
	agora, agora, Fortuna,
	he menester que en mi Luna
	tus rayos prósperos den.)
	Yo fui el mar y el occidente,
	yo fui la envidia y la nube
	que ese atrevimiento tuve.
	Este Sol resplandeciente
	de Isabel de Portugal,
	del maestre de Abís hija,
	quise, gran señor, que elija
	vuestra majestad real.
	Un abismo es de belleza

que al tiempo que la formó
a sí misma se excedió
la Madre Naturaleza.
  Compararse a nada debe,
que para su ejemplo son
las estrellas un borrón,
sombra el Sol, noche la nieve.

Rey

Álvaro, yo me contento
con mi elección y me caso
con la luz en que me abraso
con la vida en que me aliento.
  Belleza tan sin igual
pasme allá a Naturaleza,
bástame a mí una belleza
que merezca hombre mortal.
  Dadme el retrato.

Álvaro

                    Señor,
conveniencias de su estado
son las que siempre han casado
a los reyes, no el amor,
  no el gusto, no los antojos;
que hacer debe el casamiento
de un gran rey su entendimiento,
no la elección de sus ojos.
  Con guerras está Castilla;
Portugal nos dará gente.

Rey

También Francia, y tan valiente.
Resiunda es maravilla
  de Europa, y mía ha de ser.

Álvaro

Gran señor, y si yo he dado,

(De rodillas.)	en vuestro amor confiado, mi palabra, ¿qué he de hacer?
Rey	¿Cómo, don Álvaro, vos me casáis a mí sin mí?
(Levántase.)	

Álvaro	Amor suele hacer así
	 una voluntad de dos.
	    Confié, engañéme, erré;
	 pero ya me vuelvo a Aillón
	 a tomar satisfacción
	 de mí mismo. Allí estaré,
	    huyendo vuestra presencia;
	 pues que sin palabra estoy,
	 afrentado y triste voy.
	 Mi error me ha dado licencia.

(Hace que se va.)	
Rey	Volved acá. ¿Qué es aquesto? Condestable, ¿dónde os vais?
Álvaro	Donde a un hombre no veáis que su fe y palabra ha puesto donde no puede cumplilla.
Rey	Álvaro, en nuestra amistad no cabe dificultad. Reina será de Castilla Isabel; no os enojéis. ¿Otra vez os desterráis? Poco, don Álvaro, amáis,

poco a mí me agradecéis.

Álvaro   Bésoos los pies, gran señor;
vida y honor me estáis dando.

Rey   Condestable, estoy pensando
que, pues cobré tanto amor
   a esta francesa, podría
buscarse alguna disculpa
para que no fuese culpa
vuestra palabra.

Álvaro   ¿La mía?
   No, señor, mejor será
que yo viva desterrado
como un hombre que ha quebrado
su palabra. Goce ya
   vuestra majestad, señor,
ese dueño que desea,
y el mundo a mí no me vea.

(Hace que se va otra vez.)

Rey   Álvaro, ¿tanto rigor?
   Volved acá, por mi vida,
que es ya mi dueño Isabel;
su retrato adoro; en él
tendré el alma divertida.
   Y mirad si satisfago
al amor que está en mi pecho,
que los treces os han hecho
maestre de Santiago.
   Vos solo seréis caudillo
de mi ejército, y así

partid, maestre, de aquí;
ganadme luego a Trujillo,
   que el infante de Aragón,
desde allí fortificado,
grandes huestes ha juntado.

Álvaro   Vencerá vuestra razón.

Rey   Más amor que tenéis muestro.

Álvaro   Señor, ¿habláis en el caso
de Isabel?

Rey   Sí, que me caso
sin mi gusto y por el vuestro.

(Vase el rey.)

Álvaro   Hoy ve el curso de mi vida
con esto fija a mis pies
a la Fortuna, si es
Isabel agradecida.

(Sale doña Juana.)

Juana   Mal caballero, fementido amante,
desleal y traidor a la fe mía
más cándida, más pura, más brillante
que el rosicler y púrpura del día;
¿en qué varón magnánimo y constante
su veneno vertió la alevosía?
En ti solo, traidor, ¡viven los cielos!,
que éstos agravios son y no son celos.
    Que el rey se casa en Portugal dijiste,

cuando un lirio francés miro en su mano;
un retrato le vi, y otro me diste.
¿Ésta es acción de noble o de villano?
Mentiste, condestable, tú mentiste.
No lo merece Amor, dios soberano,
que del pecho, a pesar de estos enojos,
se asoma a los viriles de los ojos.

  ¡Plega al cielo, traidor, que derribado,
a fuerza de la envidia diligente,
del supremo lugar, del alto estado,
admiración te llamen de la gente!
Y si envidia causó tu bien pasado,
mayor lástima dé tu mal presente,
desvanézcase ya sin luz alguna
la pompa y majestad de tu fortuna;

  porque yo en Benavente retirada,
sangre de Pimenteles generosa,
de amor, con escarmientos enseñada,
gozaré libertad y paz dichosa.
Y pues que la Fortuna recatada
infeliz me formó, no siendo hermosa,
allí, con mis pesares divertida
contaré las tragedias de tu vida.

  No siento tus engaños, solo siento
que mi imprudente amor se haya atrevido
a salir a la lengua y el tormento,
que el silencio le daba, haya rompido.
¡Ah, mal nacido Amor! Este escarmiento
tu vil facilidad ha merecido;
¡murieras en el alma y no en los labios,
sintiendo injurias y llorando agravios!

Álvaro   Atiende, mi señora, al desengaño
de quien la sombra de tu luz adora.

En Francia quiso el rey, que no te engaño,
casarse antes de verme, pero agora
no quiere casamiento tan extraño.
A Isabel quiere ya. Mira, señora,
el retrato francés que te dio enojos.

Juana   ¡Ay, Dios, si esto es verdad!

Álvaro   Sí, por tus ojos.

Juana   ¡Qué fácil condición tiene quien ama!
Al mar le compararon los poetas,
con celos: una vez airado brama,
muriendo y produciendo olas inquietas.
En globos de cristales se derrama
que parecen diáfanos cometas
y luego en dulce paz y sin rigores
campos de estrellas es, cielo de flores.
    Pasó la tempestad de mis enojos;
serenó el desengaño mi semblante.
Borre en mi lengua, pues, borre en mis ojos
tantas quejas Amor, de aquí adelante.
Tributaria de bárbaros despojos
te mire la Fortuna tan constante
que aun el tiempo sentirse apenas pueda
en los vuelcos fatales de su rueda.
    Ni recele, ni sienta tu privanza
golpe infeliz de mísera caída,
ni se mire tu Luna con mudanza
de los rayos del Sol destitüida;
ni adquiera en tus desdichas su venganza
la envidia de los hombres, ni en tu vida
nos dejen experiencia las historias
de lo que pueden las humanas glorias.

Pasmo del mundo tu fortuna sea.

| Álvaro | No es eso lo que yo me he deseado. |

| Juana | Pues, tengas lo que esta alma te desea. |

| Álvaro | Ser pudiera con eso desdichado. |

| Juana | Siempre Castilla tus hazañas vea. |

Álvaro   No es ése, no, favor de enamorado.
          Si casado no dices, y contigo,
          tenme por infeliz.

Juana   Pues, eso digo.

(Vanse, cada uno por su parte. Tocan cajas. Salen el infante y criados.)

Infante   Sienta Castilla bizarra,
              solamente en su opinión,
              las banderas de Aragón
              y las cajas de Navarra.
                 Plaza de armas ha de ser
              Trujillo de nuestra gente;
              desde aquí, osada y valiente,
              a Castilla ha de ofender.
                 Aprisa marcha mi hermano,
              y estando juntos los dos,
              pienso domar, ¡vive Dios!,
              el orgullo castellano.
                 La intención he de vengar
              que de mi muerte han tenido.

Criado   Al condestable has debido

la vida.

Infante
Pues libertar
pienso al rey de su poder;
no ha de gobernar todo.

Criado
Advierte que de ese modo
ingrato vienes a ser.
El te casó con la Infanta;
la vida después te dio.

Infante
Ya su poder me cansó;
esto es mundo, ¿qué te espanta?

(Salen un alcalde en lo alto y un soldado.)

Alcalde
Sepa, señor, vuestra alteza,
que está a peligro la villa;
que la gente de Castilla
viene ya. Esta fortaleza
no teme, porque ha de estar
por el nombre y opinión
de Navarra y de Aragón;
no la puede conquistar
el castellano trofeo,
que es al fin inexpugnable.

Infante
Si ha venido el condestable
con el ejército...

Alcalde
Creo,
según dicen las espías,
que el conde de Benavente
gobierna agora la gente.

Infante	En efecto, desconfías.
	Mis fuerzas son desiguales,
	alcalde, ¿qué me aconsejas?
Alcalde	Señor, si la villa dejas,
	quemado los arrabales,
	y a Albuquerque pasas, pienso
	que es medio más acertado.
Infante	Como aragonés honrado
	mostrarás valor inmenso
	defendiendo ese castillo;
	porque yo, con tu consejo,
	a Albuquerque marcho, y dejo
	desmantelado a Trujillo.
Alcalde	Moriré, señor, por vos.
Infante	¿Sois leal?
Alcalde	Tuyo seré.
Infante	Freno con esto pondré
	a Castilla. Adiós.
Alcalde	Adiós.
Infante	Marche el ejército luego,
	y al pasar muéstrase rayo,
	que de esta suerte me ensayo
	por vencer a sangre y fuego.

(Tocan cajas y vase el infante.)

Alcalde	La gente que el rey previno para ir a Granada es ésa que marchando ves apriesa. Contra los infantes vino como saben su intención.
Soldado	Cosa es injusta mirar en Castilla tremolar las banderas de Aragón.
Alcalde	Grandes los han alentado.
Soldado	Quizá envidiosos están.
Alcalde	Sin duda es el capitán el que a la posta ha llegado al ejército. ¿No ves que le abaten las banderas y en ordenadas hileras le reciben?
Soldado	Pienso que es don Álvaro el general.
Alcalde	Al ánimo y la fortuna de don Álvaro de Luna seré invencible y leal.

(Vanse y tocan cajas a marchar, y salen don Álvaro, el conde de Benavente, soldados y Linterna.)

Álvaro	Decir podré, castellano invencibles y valientes,

81

que por el viento he venido;
porque no dudo que fuesen
hijos del viento nacidos
en las riberas del Betis
los caballos que he traído.
El conde de Benavente
bien mis ausencias suplía;
mandóme el rey que viniese
y a Trujillo le ganase.

Soldado   Llana está la villa. El fuerte,
inexpugnable castillo,
dificultoso parece
de ganar. Aprisa marcha
de don Enrique la gente;
¿seguirémosla?

Álvaro   No, conde.
El rey a Trujillo quiere;
démosle a Trujillo.

Linterna   Demos.

Álvaro   ¿Demos dices? Acomete.
¡Ea, escalar el castillo!

Linterna   Atrévase quien se atreve,
teniendo cara y espaldas
a ser siempre maldiciente.
Atrévase cierto novio
que vi en el tálamo un viernes
tan animoso y osado
que, pasando de diez sietes
la edad de la novia, y siendo

su hermosura solo un diente
y dos ojos que vertían
uno arrope y otro aceite,
zurda y calva, el dicho novio
risueño estaba y alegre.
Si Dios quisiera que el hombre
vaya a la guerra y pelee,
naciera armado del modo
que el león nace y la sierpe,
pero si nace desnudo,
¿no está claro que Dios quiere
que guarde bien su pellejo?

Álvaro   Pues al principio, ¿quién teme?

Linterna   ¡Cuerpo de Dios! Al principio
se nos va entrando la muerte
por un dolor de cabeza.
Al principio el mar es leche;
al principio del diluvio
estaban todos alegres
viendo llover y decían:
«¡Qué buen año ha de ser éste!».
Acometen las tortugas
que atrás y adelante tienen
dos rodelas que las guardan,
dos conchas que las defienden.
Acometen los poetas
de comedias, pues se atreven
contra los silbos humanos
de mosqueteras serpientes.

Álvaro   ¿Sois cobarde?

Linterna	Soy discreto.
Álvaro	Su condición me entretiene.
	¡Ah, del castillo!
Alcalde	¿Quién llama?
Álvaro	Llama, alcalde, quien pretende
	vuestro honor y vuestro aumento.
	El rey de Castilla quiere
	que le entreguéis su castillo.
Alcalde	No se gana de esa suerte
	honor, como vos decís.
	Haga el rey que a mí me suelten
	los infantes de Aragón
	el homenaje.
Álvaro	¿Quién puede
	en tierras del rey don Juan
	tener castillos?
Alcalde	Quien suele
	darle guerreras y ser su igual.
Álvaro	No te respondo que mientes,
	villano, por no impedir
	la facción que se pretende.
	Retírase, vueselencia;
	retiraos todos, y queden
	algunos en esa ermita.
(Retíranse adentro.)	Solo quiero hablarte. Déme
	su salvaguardia el castillo.

Alcalde	Sube, pues, que ya le tienes.
	Agria es la cuesta, y quien solo
	a esta fortaleza viene
	no puede engañarnos.
Álvaro	Yo,
	señor alcalde, fui siempre
	vuestro aficionado, y pues
	el rey manda que le entreguen
	su castillo, a cargo mío
	han de quedar las mercedes.
	Salid acá y hablaremos
	en este repecho verde
	con que este cerco, esta basa
	del castillo se guarnece.
Alcalde	Señor condestable, hablemos,
	mas no podéis convencerme
	a que yo entregue el castillo.
Álvaro	Si los infantes no deben
	resistir al rey, ¿por qué
	se resiste y se defiende
	un alcalde?
Alcalde	Porque he sido
	noble como vos.
Álvaro	No siempre
	es nobleza ser constante,
	porque hay constancias aleves.
Alcalde	Entregad a Enrique vos
	el castillo de Albuquerque.

| Álvaro | Lo que no debo ni puedo |
| | me pedís. |

| Alcalde | Mi dicho es ése. |

| Álvaro | Vos debéis, si sois leal, |
| | entregarlo. |

| Alcalde | ¿Quién me excede |
| | en lealtad así? Ninguno. |

Álvaro	Ya no puedo más, reviente
	mi impaciencia. ¿Tú, alcaidillo,
	tú, hombrecillo, le defiendes
	con valor del rey don Juan?
	¡Vive Dios!, que infame muerte
	has de llevar. En el valle
	rodando has de ir.

(Abrázase con él y ruedan abajo.)

| Alcalde | ¡Socorredme, |
| | los del castillo! |

Soldado	¡Quién basta
	contra el ánimo valiente
	del condestable?

| Álvaro | ¡Ah, soldados! |

(Salen todos.)

| Soldado | ¡Muera! |

Álvaro	No muera, prendedle. Da el anillo del infante para que el castillo entreguen, o morirás.
Alcalde	Veslo aquí.
Álvaro	Suban las banderas; trepen ese cerro los soldados, y en las almenas del fuerte las tremolen.
Linterna	Bien rodáis; solo cierto amigo puede rodar mejor con dos bolas.
Soldado	El rey llega; a tiempo viene quien gozará la victoria.
(Sale el rey.)	
Rey	Un nuevo soldado tienes, maestre de Santiago. Vivir no puedo sin verte. Tu sombra soy y te sigo.
Álvaro	Señor, el cielo prospere tu persona. Ya es Trujillo tuyo otra vez.
Rey	A Albuquerque pasaremos a esperar allí que la Reina llegue.

Por ti y por ella he venido.
Álvaro, llamarte puedes
duque de Trujillo. Tuyo
ha de ser, pues lo defiendes.

Álvaro   Mirad, señor, que la envidia
                vive entre tantas mercedes.
                No más, señor, ¡vive Dios!,
                que esta merced me entristece.

Rey   Prosigamos la victoria.
                Haced que marchen, maestre,
                marqués de Villena.

Linterna   ¡Dale!

(Tropieza Álvaro. Vale a besar los pies y cae sobre ellos.)

Álvaro   Beso tus pies. Que tropiece
                hizo el peso de tus honras.
                Detente, dicha, detente.
                Fortuna, no quiero más.
                A los pies del rey me tienes.

(Tocan cajas.)

                Fin de la segunda jornada

Jornada tercera

(Salen Silva y Vivero.)

Silva

Y no sé desde aquel día
lo que en la corte ha pasado,
que me han tenido ocupado
fronteras de Andalucía.
    Y aunque las nuevas derrama
la Fama, que éste es su empleo,
nunca soy fácil ni creo
lo que publica la Fama
        pues suele mentir y así
de sucesos y accidentes
cualquier cosa que me cuentes
será nueva para mí.

Vivero

El infante de Aragón
hoy a la paz reducido,
entra en la corte, que ha sido
un generoso blasón
        de don Juan no ser crüel
a tantos atrevimientos.
Ya sabes los casamientos
del rey don doña Isabel
        de Portugal, que ya vino,
siendo octava maravilla
de las damas de Castilla;
y con ella fue padrino
        el rey, prudente y afable,
de don Álvaro; ambos fueron
padrinos que honrar supieron
las bodas del condestable.
        Doña Juana Pimentel

fue el favor que la Fortuna
dio a don Álvaro de Luna
más supremo, porque en él
    el condestable ha librado
toda su dicha y al fin
la quinta de su jardín
fue el tálamo deseado.
    Mas si el Sol suele correr
al auge, y de allí no sube,
algunos indicios tuve
de que esto ha de suceder
    al condestable, y que ha sido
el auge de su ventura
ser dueño de esa hermosura.

Silva   ¿De qué lo habéis presumido?

Vivero   De que, viniendo el infante,
               le han de volver sus estados;
               y los grandes, incitados
               de la ambición arrogante
                   de don Álvaro, se unieron
               a hacer cargos rigurosos.

Silva   ¿Y vos llamáis ambiciosos
               pecho y ánimo que os dieron
                   tanto honor? ¿Ése es buen pago?
               ¡Vive Dios, que es inculpable
               la vida del condestable,
               maestre de Santiago!
                   Ni arrogante ni ambicioso
               en sus obras se ha mostrado;
               mas es siempre el envidiado
               lo que quiere el envidioso.

De ingrato y desconocido
retaros puedo, y prometo
que a no mirar el respeto
de palacio...

(Vase Silva.)

Vivero   Ya ha salido
el rey. Yo responderé
donde os deje satisfecho.
Declaréme. Mal he hecho
mas yo me disculparé.

(Sale el rey.)

Rey   ¿Qué hay, Vivero?

Vivero   Gran señor,
lo que siempre digo. Presto
no tendréis hacienda; y esto
lo sé como contador.
    Mucho a don Álvaro dais,
todos los grandes lo sienten.
¡Plega a Dios que ellos no intenten
remedios que vos sintáis!
    Remediadlo como sabio.
rico está; basten, señor,
tanta amistad, tanto amor.

Rey   ¿Os ha hecho algún agravio?

Vivero   No, señor, ni de él lo espero.

Rey   Ingrato sois.

Vivero   El criado
                         a su dueño está obligado.

Rey   Bueno está, basta, Vivero.

(Salen Isabel y el infante.)

Isabel   Señor, el infante viene
                         más humilde y más humano.
                         Suplícoos le deis la mano.

Rey   Cuando tal padrino tiene,
                             mis brazos daré al infante.

Infante   Si la Reina, mi señora,
                         me da este favor agora,
                         bien osaré estar delante
                             de tu majestad, señor.
                         Dadme la mano.

Rey   Yo estimo
                         la persona de mi primo;
                         levantaos.

Infante   Sin el favor
                             de vuestra mano, ¿quién puede
                         levantarse de su estado?

Rey   Tomad, pues.

Infante   Ya ha perdonado
                         quien la mano me concede.
                             Señor, si algunos enojos

os he dado sin razón,
válgame para el perdón
el sagrado de esos ojos.
     Ya arrepentido los vi
y obediente os seré yo;
soldado sí, opuesto no,
primo no, vasallo sí.

Rey   Yo lo creo.

Isabel   Y yo lo fío.

Infante   Pues conocéis mis intentos
perdonad si tengo alientos
de aconsejaros, rey mío.
     No llevan los grandes bien
tanto favor y amistad
con don Álvaro.

Isabel   Es verdad.

Rey   ¿Y vos, señora, también?
     ¡Pobre don Álvaro! Creo
que una vez os dio la vida.

Infante   No hay obligación que impida
el buen celo, el buen deseo
     de que esté tu majestad
en su reino con quietud.

Rey (Aparte.)   (¡Ah, villana ingratitud;
que aún se atreve tu impiedad
     a una Reina y a un infante!)

Infante	Muchas culpas nos refieren del maestre los que quieren que no le tengáis delante. 　Señor, oídlas, que es justo; cargos le quieren hacer. No es bien dejaros vencer de la amistad y del gusto.
Isabel	Y cuando culpa no hubiera, si las hay, sábelas Dios. El apartarle de vos, ¿qué inconveniente tuviera?

(Sale Zúñiga con una carta.)

Zúñiga	Ésta mi hermano os escribe.
Rey	¿Quién?
Zúñiga	El conde de Plasencia, el que, con vuestra licencia, retirado en Béjar vive.
Rey (Aparte.)	Levantaos, Zúñiga. (Tema y obstinación de Fortuna quiere eclipsar esta Luna. Turbado rasgo la nema.)
(Lee la carta.)	«Señor, todos los que aquí firman desean como leales la paz y quietud de vuestro reino. Éste está por perderse respeto de gobernarlo todo el condestable, con cuyo poder tiene cargos y culpas que se dirán a vuestra majestad, estando él desterrado o preso. Vuestra majestad lo

remedie. El rey de Navarra, Pedro de Belasco,
Camarero Mayor, don Pedro de Zúñiga, conde de
Plasencia, el conde de Haro, El marqués de
Santillana, don Luis de Guzmán, maestre
de Calatrava, don Juan de Sotomayor, maestre de
Alcántara, Pedro Manrique.»
    ¿Qué es esto? ¡Ah, reino envidioso!
¡Que sea culpa la dicha
y que venga a ser desdicha
el ser conmigo dichoso!
    Si el merecer mis favores
no es dicha, sino justicia,
¿qué quiere aquí la malicia?
Como el áspid en las flores,
    con capa de celo bueno,
con máscara de fiel,
viene la envidia crüel
derramando su veneno.
    Vedme vos.

(Vase Zúñiga. Salen Álvaro y Linterna y el músico Morales.)

Álvaro	¿Aquí has venido?

Linterna	Soy de buen gusto y curioso. A la sombra de un dichoso, ¿quién no entró donde ha querido?

Álvaro	Tenga vuestra majestad felices días.

Rey (Aparte.)	(Si son como el de hoy, no es bendición sino especie de crueldad.)

Álvaro   ¿No me dais la mano?

(De rodillas.)

Rey (Aparte.)   (¿Quién
                     tales injusticias vio?
                     Desdicha es quererle yo,
                     delito es quererme él bien.
                          ¿Posible es que éste se emplea
                     en culpas? No las espero.
                     Pues soy solo quien le quiero,
                     sea yo quien no las crea.)

Álvaro   ¿Qué tristeza hay que os suspenda?

Rey (Aparte.)   (Si yo le di cada día
                     aun más de lo que él quería,
                     mal ursurpara mi hacienda.
                          Si a todos piedad mostró,
                     que mis ojos son testigos,
                     ¿cómo ha ganado enemigos?
                     Es envidia, culpa no.)

Álvaro   Besar la mano osaré,
                     para mí tan liberal,
                     sin que vos me la deis.

(Retírala el rey.)

Rey (Aparte.)   (Mal
                     si es culpado la daré.)

Álvaro   ¿Son tristezas o castigos?

Habladme, señor, por Dios.

(Levántase.)

Rey
Álvaro, mirad por vos
porque tenéis enemigos.

Álvaro
Si vos no miráis por mí,
mal podré saber el modo.

Rey
No todos lo pueden todo.

(Vase el rey.)

Álvaro
Todos no, pero vos sí.
    ¡Válgame el cielo! ¿Qué es esto?
¿Han reventado las minas
de la envidia? Si declinas,
presto fue, Fortuna, presto.
    Señor infante, en los ojos
del rey he visto mudanza;
en vos tengo mi esperanza;
sabedme si son enojos.

Infante
No sé cómo puede ser
que el negocio está apretado.

Álvaro
¿No os acordáis que habéis dado
palabra de agradecer
    mi voluntad?

Infante
                Sí, me acuerdo,
mas, ¿quién basta contra tantos?

(Vase el infante.)

Álvaro   Basta Dios, bastan sus santos,
                            basta mi verdad. No pierdo
                                el ánimo cuando os hallo,
                            majestad piadosa, aquí.
                            Reina sois, volved por mí.

Isabel   Sed, maestre, buen vasallo,
                            y eso volverá por vos.

(Vase Isabel.)

Álvaro   Yo os hice solo en un día
                            majestad de señoría.
                            Reina os hice, ¡vive Dios!
                            El ser me debéis, y así
                            veros ingrata es consuelo,
                            pues sé que es obra del cielo,
                            y que no nace de mí.
                            Los mismos cielos envían
                            a un magnánimo este mal
                            para ejemplo universal
                            de los hombres que confían
                            en los hombres, y si vengo
                            a ser ejemplo del mundo,
                            aun cayendo en lo profundo,
                            soy singular, dicha tengo.
                            Bien sé, Vivero, que aquí
                            andáis con algún engaño.
                            Yo mismo labré mi daño;
                            gusano de seda fui.
                            Bien conozco en estos modos
                          que por bien me pagáis mal.

(Vase don Álvaro.)

Vivero	¡Oíd, oíd!

Linterna
    ¡Pesia tal!
San Martín hay para todos.
  ¡Ah, envidia, que eres polilla
de la próspera fortuna!
A don Álvaro de Luna,
condestable de Castilla,
  el rey don Juan el segundo
con mal semblante le mira.

Morales
Cosa es común, mal se admira
de tales casos el mundo.
  ¿Quién no dio tales primicias
a la Fortuna voltaria?

Linterna
Dio vuelta la rueda varia,
trocó en saña sus caricias.

Morales
Quizá el rey la frente esquiva
mostró para algunas trazas.

Linterna
El amor en amenazas
privaba, mas ya no priva.

Morales
  ¿Cuándo la Fortuna esquiva
al poder no da esta guerra?

Linterna
Ejemplo que da en la tierra
porque el hombre mire arriba.

Morales	Si hoy parece que declina,
	volverá a su ser mañana.

Linterna	No hay seguridad humana
	sin contradicción divina.

Morales	Todo pasa y vuela aprisa;
	no hay firme y seguro estado.

Linterna   Hoy el rey no le a fablado,
                miróle de mala guisa.
                    Tras él voy, porque diría:
                «¿Dó está mi lacayo, adó lo?
                Dejáronme venir solo
                la gente que me seguía».

(Vanse todos. Sale don Álvaro.)

Álvaro   ¡Oh, casa, humano reposo!
                ¡Oh, cuántas veces me viste
                más dichoso, menos triste,
                más fuerte, menos quejoso!
                    A ti vengo pensativo;
                seas en trance tan cierto
                tumba de un ánimo muerto,
                sepulcro de un cuerpo vivo.
                    Aquí de Dios, importuno
                pensamiento, hablad por mí.
                ¿Hice bien a muchos? —Sí.
                ¿Y agravio a quién? —Ninguno.
                    ¿Soy traidor? —De ningún arte.
                ¿Qué he merecido? —Laureles.
                ¿Tengo enemigos? —Crüeles.
                ¿Qué pretenden? —Derribarte.

¿Quién lo dice? —La experiencia.
¿Qué dice el vulgo? —Es confuso.
¿Por qué me envidian? —Es uso.
¿De quién? —Del mundo. ¡Paciencia!
¡Qué extraña melancolía!
¡Moralicos!...

(Sale Morales.)

Morales	¿Mi señor?

Álvaro	Tú sueles, cual ruiseñor

que despierta el claro día,
      divertirme. Si cantares,
ya que mi fatiga es tanta,
canciones tristes me canta
para hartarme de pesares.

Morales	¿Cuándo quieres que te cante?

Álvaro	Luego.

Morales	Voy.

Álvaro	Canta allá fuera,

por si mi cólera altera
la gravedad del semblante.
      No me mires mis acciones,
porque suele delirar
el que se deja llevar
de las humanas pasiones.

(Siéntase.)

¿Qué hay, mi fortuna, qué hay?
¿Qué me he cansado? Es mi oficio.
Ya ha temblado el edificio;
esta máquina se cae.

(Cantan dentro.)

Músicos

Lo de ayer ya se pasó;
lo de hoy cual viento pasa,
lo de mañana aun no llega,
así aqueste mundo anda.
En él lo firme perece
a manos de la mudanza;
lo más sano luego enferma,
el deseo no se alcanza.

(Álvaro en pie.)

Álvaro

Si humo, nada, sombra, viento
es la vida, ¿qué será
el bien que el mundo nos da?
Por fuerza ha de ser tormento,
    pues no le queda otro ser.
Si es nada la vida amada;
¿no han de ser menos que nada
la riqueza y el placer?
    Y la misma muerte son
los bienes siendo esto. Pues
que sentís lo que no es,
ánimo, mi corazón.
    ¡Qué mal un triste reposa!
No hay discurso que mitigue
la imaginación. Prosigue,
muchacho; canta otra cosa.

(Cantan.)

Músicos   Los que priváis con los reyes,
notad bien la historia mía,
catad que a la fin se engaña
el hombre que en hombres fía.
Apenas tuve quince años,
de Aragón vine a Castilla
a servir al rey don Juan,
que el Segundo se decía.

Álvaro   Servíle treinta y dos años,
y siempre bien me ha querido.
(En pie.)   ¿Cómo agora se ha creído
de mentiras y de engaños?
    Pienso que en vano me quejo,
que quizá no eran enojos
los que mostraban sus ojos;
que como el rey es espejo
    de toda humana criatura,
los que mi bien envidiaban
en su rostro se miraban
y él mostraba su figura.
    Mas si mi agravio sentía
como piadoso y humano,
¿por qué me negó la mano?
Amistad no quería;
    retiróla, enojo ha sido;
pero, ¿cómo me ha avisado?
No lo entiendo, estoy turbado;
no lo entiendo, estoy rendido.

(Adentro ruido. Salen Linterna y Morales con la guitarra.)

Álvaro	¡Ola! ¿Qué es esto?
Linterna	No es nada. Cayó un balcón infiel; estaba Vivero en él y dio tal pajarotada, que como huevo estrellado hace la figura de Hero.
Morales	Alonso Pérez Vivero, a ese balcón arrimado, esperaba para hablarte; era antigua la madera...
Álvaro	Salir no quiero allá fuera, no digan que tengo parte en su muerte; aunque si es mi dicha toda accidentes, hoy lo dirán los presentes y las historias después. Si para ejemplo nací de la Fortuna crüel, lo que fue accidente en él vendrá a ser desdicha en mí,
Linterna	Hacer pienso a esta ocasión un epitafio.
Morales	Pues di, ¿haces versos buenos?
Linterna	Sí, respeto de cuyos son,

104

porque más agrada al fin
y más contento se toma
de ver sobre la maroma
al mono que al volatín.
Diré «itinerar» a bulto,
«númen» y «morbo» diré,
macarrónico seré
y habrá quien me llame culto.

(Sale Juana.)

Juana   Condestable, mi señor,
dícenme que habéis venido
melancólico. ¿Qué ha sido?
¿Vos triste, vos sin valor?
Solo el hombre sin honor
ha de turbar el semblante,
no el magnánimo y constante.
¿Cómo se ha de entristecer
varón que debe tener
el corazón de diamante?
¡Ea! Señor, ¿dónde está
del ánimo la grandeza,
del valor la fortaleza?
¿Accidente humano os da
perturbación cuando, ya,
con la experiencia y los años,
la luz de los desengaños
debe alumbraros? ¿Qué es esto?

Álvaro   Retiraos.

Linterna   Morales, presto
verás sucesos extraños.

(Vanse Linterna y Morales.)

Álvaro   Mi señora, yo he mirado
que ha sido vuestro valor
el bien último y mayor
que la Fortuna me ha dado.
Principio, aumento y estado,
y declinación tendré
como cuanto el cielo ve.
Comencé cuando serví,
títulos tuve, crecí,
vuestro fui, mi estado fue.
   Y si el tiempo y la Fortuna
a un mismo paso caminan,
y en ese cielo declinan
los aspectos de la Luna,
si no hay constancia ninguna
en cuanto el cielo crió,
mi declinación llegó,
ya mi rüina prevengo.,
Muchos envidiosos tengo;
la mano el rey me negó.

Juana   Mi señor, mi bien, mi amigo,
ni os animo ni aconsejo,
que a vuestra experiencia dejo
uno y otro; pero digo
que al que es fatal enemigo
no puede la humana suerte
resistir, y el varón fuerte
no tiene cólera alguna
con el tiempo y la fortuna,
con la vejez y la muerte.

Lo que importa es que, en el trance
de cualquier de estos cuatro,
se exponga el hombre al teatro
del vivir sin que le alcance
culpa alguna, y que balance
su virtud y acciones de hombre;
porque cuando más le asombre
fortuna o muerte atrevida,
quitaránle estado o vida,
mas no borrarán su nombre.

(Sale Linterna.)

Linterna   Subid, señor condestable,
en aquel trotón aprisa;
fugiréis del rey la saña,
porque a prenderos envía.
Inconstantes son los omes,
sus palabras son fingidas,
cautelosas sus mercedes,
y sus falagos mentiras.
Volved los ojos, señor,
a las pasadas rüinas
y furtad el cuerpo agora
a la que vos viene encima.
Tenedes espejos claros
de las pasadas desdichas,
el tiempo vos da lugar,
las señales vos avisan.
A las pasadas mercedes
non miréis, que ya declinan
y entregan un home bueno;
no vos fiéis más. Fugildas.
Y pensad que avedes sido

el extremo de la dicha;
la levantada privanza
vos amenaza caída.
La muerte viene con alas,
puestas las faldas en cinta;
non hay plazo que no llegue
ni deuda que non se pida.
Muchos grandes conocéis
que vos tienen grande envidia;
el rey es fácil, vos solo.
Catad no vos fagan minas.
Non vos sugetéis a fierros
de las cárceles esquivas,
que enemigo aferrojado
más sus contrarios aviva.
Nu seáls en vuesas cosas
la flor de la maravilla,
que crece al salir del Sol
y el mismo Sol la marchita.

Álvaro   Linterna, ¿qué estás diciendo?

Linterna   Como fablo en lengua antigua,
a guisa de nuesos padres,
pensáis que es burla o mentira.
Nuestra casa está cercada,
ya las puertas nos derriban,
gente sube, fugid luego,
que otro remedio non finca.
Cortesanos palaciegos
que entre lisonjas se crían
no guardan los mandamientos
y nos guardan las esquinas.

(Salen Zúñiga y gente con armas.)

Zúñiga   Señor condestable, daos
                  a prisión.

Linterna   A cosa linda
                  se ha de dar.

Zúñiga   El rey lo manda;
                  él a prenderos me envía.

Juana   Hüid, señor, mientras yo,
                  amparando vuestra vida,
                  fuere cristiana amazona,
                  fuere segunda Camila.
                  ¡Vive Dios!, que el gran maestre,
                  condestable de Castilla,
                  no se ha de dar a prisión
                  ni sujetar a injusticias.

(Toma una espada a uno y acuchíllalos.)

                  Tomad las armas criados.

Zúñiga   Señora, en vano porfían
                  vuestro amor y vuestro aliento.
                  Cien hombres traigo.

Juana   A la ira
                  de mi pecho serán pocos.
                  Huye, señor, por mi vida.

Álvaro   Ni me suelta mi destino,
                  ni mis discursos me animan,

ni me deja dar un paso
el peso de mis desdichas.

Zúñiga   Esta cédula es del rey;
                aquí promete y avisa
                que será vuestra persona
                salva siempre.

Álvaro   No se diga
                que si don Álvaro huye,
                algunas culpas tenía.
                Ni digan que contra el rey
                tomó las armas. Justicia
                guardará mi rey; bien sé
                que no hallará culpas mías
                Y si el hombre es breve mundo,
                obra de mano divina,
                pequeño Dios es el rey.
                ¿Dónde, pues, dónde podía
                hüir yo de su poder?
                Preso voy.

Juana   Y yo sin vida.

Linterna   Yo sin tomar mi consejo.

Morales   Yo dando lágrimas vivas.

(Vanse todos. Salen Isabel y el infante.)

Infante   Que mengüe Luna tan llena
                más que a nadie me conviene,
                pues los estados me tiene
                de Trujillo y de Villena.

Sabe Dios que no deseo
ni su mal ni su disculpa,
y entre el descargo y la culpa,
ni bien dudo, ni bien creo.
   Neutral tengo la pasión,
solo quiero la justicia,
como envidia ni malicia
no causen su perdición.

Isabel
      Que Reina por su orden fui
pretende, y es gran rigor
el tener un acreedor
siempre delante de mí;
   que deuda grande sería,
y su queja cierta estaba,
viendo que no le pagaba
o que pagar no podía.

(Sale el rey.)

Rey
      ¡Ya estará el reino contento,
porque jüeces nombré
que examinen bien la fe
y lealtad de este portento
   de desdichas!

Isabel
              En la muerte
de Vivero poco habrá
que examinar; claro está.

Rey
      No muy clara; de otra suerte
agora la han referido.

(Sale Zúñiga.)

Zúñiga	A esta torre traigo preso a don Álvaro.
Rey	Confieso que si amor me ha enternecido. ¿Preso dijo? ¡Qué rigor! ¡Qué aprisa que le persiguen! ¡Plegue a Dios que no me obliguen a otra palabra peor!

(Dentro Álvaro.)

Álvaro	He de entrar.
Zúñiga	No puede ser; no querrá el rey que le vea hombre preso.
Álvaro	Aunque lo sea; ¡vive Dios que lo he de ver!
(Sale fuera.)	Rey don Juan, rey mi señor, perdonad si preso os hablo, que este privilegio tiene quien está preso en palacio. Bien os acordáis, señor, que son ya treinta y dos años los que os serví con lealtad, más de amigo que vasallo. La libertad que hoy no tengo muchas veces os he dado, cuando grandes, cuando primos, niño y hombre os la quitaron. Recibí grandes mercedes,

no las niego, no, antes hallo
que no ha recibido tantas
ninguno de rey humano.
Nada os pedí, vos me disteis
esta máquina que traigo
encima, de las riquezas
que ya me van derribando.
Si me las disteis, señor,
por darme lugar más alto
de que arrojarme, pregunto:
¿fueron mercedes o agravios?
¿Por qué me hicisteis dichoso
para hacerme desdichado?
Crüel sois haciendo bien;
dando vidas, sois tirano.
Que secrestaron, me dicen,
mi riqueza y mis estados;
todo era vuestro, señor,
todo estaba en vuestra mano.
El hombre vuelve a la tierra,
las aguas al mar salado;
a su centro, a su principio
vuelve todo; no me espanto
que a vos volviese mi hacienda
como a su origen sagrado.
Pluguiera a Dios yo pudiera
dar al mundo ejemplos claros,
que como la merecí
la sé despreciar, y tanto,
que de quitármela siento
solo que me hayáis quitado
el poder para volverla
con desprecios de Alejandro.
Retirarme quise, ¡ah, cielos!

¡Y quien hubiera imitado
muchos ilustres varones
que imperios menospreciaron!
Por serviros no lo hice;
pensé que agradaba, ¡falso
es el humano discurso!
Erré pero ya lo pago.
Hoy lástima, ayer envidia;
hoy fatiga, ayer descanso;
hoy prisiones, ayer triunfos;
bien se ve que está jugando
la Fortuna con los hombres,
y vos, rey, y rey cristiano,
su instrumento sois. ¿Qué mucho?
Los instrumentos contrarios
y amigos, entre sí mismos,
de su poder blasonaron.
A veces la madre tierra
tiembla y derriba los altos
montes, cuya verde cumbre
se coronó de peñascos;
navega el bajel hermoso
entre globos de alabastro,
y en un instante las aguas
le rompen y hacen pedazos;
poco a poco se nos muestra
la verde pompa de un árbol,
y en un momento es cadáver
a los gemidos del austro;
tarda un supremo edificio
en trepar el viento vago,
y en un instante es rüinas
de la potencia de un rayo.
Monte, bajel, árbol, torre

fue mi vida en vuestros brazos;
agua, tierra, viento y fuego
sois, señor. Crecí despacio
y aprisa me derribáis.
Acordaos de mí, acordaos.
No borréis la imagen vuestra;
no deshagan vuestras manos
criado que tanto os quiso,
hechura que os cuesta tanto.

Rey (Aparte.) (No le puedo responder
 con la gravedad y el llanto
 de rey, amigo y jüez.)
 ¡Zúñiga!

Zúñiga   ¿Señor?

Rey   Llevadlo
 a Portillo. ¡Ay, infelice!

Zúñiga Señor condestable, vamos.

Álvaro ¿Hablarme no me queréis?
 ¿Y menos me habéis mirado?
 ¿No me dais consuelo, rey?
 ¡Démelo el Rey Soberano!

(Vanse Zúñiga y don Álvaro.)

Rey (Aparte.) (¡Qué me obligue a mí el Reinar
 con quietud al trance amargo
 de ver preso al que bien quise!
 Mas padecer puede engaño
 este amor. Llevarme dejo,

ya fácil o ya cristiano,
del error o del acierto
de mis grandes.)

Isabel   No turbaron,
como pensé, los afectos
del rey sus palabras.

Infante   Vano
dijeron que era el discurso
contra el destino y los hados
los filósofos gentiles.

(Sale un secretario con recado de escribir.)

Isabel   Aquí espera el secretario.

Rey   ¿Qué queréis vos?

Secretario   A firmar
los jüeces me enviaron
la sentencia del maestre.

Rey   ¿Sin escuchar sus descargos?
¿Son comedia estas acciones?
¿Es nuestra vida teatro
que todo pasa en una hora?
Pero, ¿quién vive despacio?
¡Presto dieron la sentencia!

Infante   Los cargos justificados,
bien hacen en darse prisa
sosegando el reino.

Rey   Cuando
                 es la pasión el jüez,
                 amor propio el abogado,
                 la envida el procurador,
                 ¡ay, del reo! No firmaron
                 reyes con tanto temor.

(Toma la cartera y la pluma.)

                 ¿A qué, pues, le sentenciaron?
                 ¿Le destierran otra vez?

Secretario   A que muera degollado.

(Cáesele todo.)

Rey   ¡Válgame Dios, que llegaste,
                 gallarda Luna, al ocaso!
                 ¡Qué tinieblas mereciste,
                 al fin del camino largo
                 de tus servicios!

Isabel   Señor,
                 ¿valor falta en vuestros brazos
                 para tener una pluma
                 y un papel, que es justo? Agravio
                 hacéis a vuestra justicia.

Infante   No borren amor y llanto
                 el blasón de la prudencia.
                 Si los jüeces nombrados
                 lo ordenan, firmad, señor.

Rey   Con siete letras deshago

lo que en muchos años hice.
¡Qué pueda un hombre en un rasgo
dar la muerte, siendo dueño
del vivir solo la mano
de Dios! ¿Qué tiranos reyes
a este trance no temblaron?
La pluma es áspid; veneno
es la tinta; el papel blanco
es retrato de la vida;
marchemos, pues, el retrato.
No acierto a escribir.

(El infante tiene la cartera. Isabel le va llevando el brazo para que firme.)

Isabel   Así
                        moverás, señor, el brazo.

Rey   «Yo el rey», diré. ¿Cómo, si es
                        «Yo el crüel» más acertado?
                        ¿Yo he decir que lo firmo?
                        ¿Yo he de decir que lo mato?

(Va firmando poco a poco, turbado.)

                        «Él» se sigue. «Ellos» diría,
                        envidiosos y tiranos.
                        «rey», digo, Dios en la tierra.
                        Si otros rigen este paso,
                        ¿cómo he firmado «Yo el rey»?
                        ¿Cómo firmé lo que es falso?
                        Letras, si lleváis borrones,
                        caracteres sois de encantos,
                        líneas de la misma muerte,
                        no os lean ojos humanos.

¡Oh, pluma, flecha con yerba
que disparada del arco
de la desdicha, penetras
dos pechos de cera y mármol!
¿Pluma, pincel que borró
la imagen y el simulacro
de la privanza de un rey,
¡mal os haga Dios!

(Arrójalo todo.)

Isabel   ¡Qué tanto
                    pueda en un rey la piedad!

Infante   Sentir debe el propio daño;
                 si era otro él el que muere.

Rey   Quien dice que es ser privado
                 dicha, miente; de la envidia
                 es un objeto bizarro.

(Vanse todos. Salen don Álvaro, con cadena, músico y Moralicos.)

Álvaro   Un filósofo griego ha dividido
                 la humana suerte en cuatro, porque es una
                 la que sigue feliz desde la cuna
                 al hombre hasta el sepulcro, y otra ha sido
                     la que infeliz y adversa le ha seguido
                 del nacer al morir siempre importuna.
                 Con uno fue piadosa la Fortuna;
                 tardó y al declinar su voz ha oído.
                     Con otro tuvo el curso presuroso;
                 vino a la juventud y le ha negado
                 a la vejez el gusto y el reposo.

119

La cuarta diferencia me ha tocado,
y si en el mundo he sido el más dichoso,
¿quién duda que soy ya el más desdichado?

(Canta Moralicos.)

Moralicos   Aquella Luna hermosa
                   que sus rayos le dio el Sol,
                   que con un mortal eclipse
                   pierde luz y resplandor;
                   en lo más alto subía
                   del cielo de su valor,
                   baja a la casa de Toro
                   y muere en la del León.

(Sale el secretario con la sentencia.)

Secretario   Don Álvaro, mi señor,
                   aquí importa la prudencia,
                   aquí conviene paciencia,
                   aquí es menester valor.

Álvaro   ¿Cuándo permiten que os hable?
                   «Álvaro» escuchando estoy;
                   sin duda que ya no soy
                   maestre ni condestable.
                      ¿Siendo yo el mismo valor,
                   de valor me prevenís?
                   ¡A gran desdicha venís!

Secretario   Y no puede ser mayor.
                      A muerte os han condenado,
                   y ésta se ha de ejecutar.

Álvaro   ¿Quién oyéndola nombrar
                          no ha gemido y no ha temblado?

(Deja caer la cadena.)

                               ¡Válgame Dios! ¡Trance fuerte!
                               ¡Miseria fatal del hombre!
                               Si me espanta solo el nombre,
                               ¿qué será la misma muerte?
                                   Un vaso de agua me trae;
                               porque escucho con desmayo
                               esta sentencia, este rayo
                               que del mismo cielo cae;
                                   y la sangre, en tal estrecho,
                               oyendo el trueno ha temblado
                               y dejó desamparado
                               el corazón en el pecho.
                                   La firma quiero mirar.

Secretario   «Yo el rey» dice.

Álvaro   ¡Oh, injusta ley!
                               ¡Pobre de mí; si otro rey
                               no me hubiera de juzgar!
                                   ¡Pobre de mí, si en la calma
                               de mis dichas conocida,
                               el rey que quita la vida
                               pudiera quitar el alma!

(Sale Moralicos y un músico.)

Moralicos   Aquí hay agua.

Álvaro   ¡Cómo espanta

la muerte con su bramido!
Aunque entró por el oído,
se atravesó a la garganta.
    Pasarla quiero bebiendo.

(Bebe.)

Secretario   ¡Sentimiento natural!

Músico   ¡Pensión del último mal!

Moralicos   ¡Sabe Dios qué estoy sintiendo!

Álvaro   ¡Ea! Alentad, corazón;
horror no debéis sentir,
porque el nacer y el morir
actos semejantes son.
    Siempre a miserias nacimos,
siempre en miserias estamos,
cuando nacemos lloramos,
lloramos cuando morimos.
    El que nace, salir quiere
de un sepulcro; en otro yace.
Sepulcro deja el que nace,
a sepulcro va el que muere.
    La cuna es bien y es trabajo,
porque es, sin distancia alguna,
cuando está hacia arriba cuna,
tumba cuando está hacia abajo.
    Bien sabéis, Rey Verdadero,
pues sois el original
de mi rey, que es rey mortal,
que por su ofensa no muero;
    por las vuestras sí. Hoy asombre

122

vuestra gran piedad, mi Dios,
que ofenderos pude a Vos
sin hacer ofensa al hombre.
    Y ofender como infiel
no puede al hombre, Rey Sabio,
sin que Vos sintáis su agravio,
no sintiendo el vuestro él.
    Bien sé que atalaya soy,
que subí desde la cuna
al monte de la Fortuna,
y avisos al hombre doy;
    porque se guarde y asombre
diciendo con voz incierta:
«¡Alerta hermanos, alerta!
no confiéis en el hombre.
    Sírvaos yo de ejemplo a vos
cuando doy avisos tales:
¡Alerta, alerta mortales,
confiad en solo Dios!».

Secretario   Escuchadme la sentencia.

Álvaro   Sin oírla la consiento.
(A Moralicos.)   Niño, tu pérdida siento;
                    huérfano estás, ten paciencia.
                        Con solo este anillo vengo,
                    daréte este último bien
                    y mi sombrero también,
                    pues ya cabeza no tengo.

(Dale un anillo y el sombrero.)

                        Di tú al príncipe jurado
                    que, a quien sirve con amor,

aprenda a pagar mejor
que su padre me ha pagado.

(Vase don Álvaro.)

Moralicos   ¡Qué este pago le dé el rey!
Hasta mirarle difunto,
no pienso dejarle un punto.
Paje soy de buena ley.
(Vase el secretario.)   Tomen ejemplo en los dos
cuando doy avisos tales:
¡Alerta, alerta mortales,
confiad en solo Dios!

(Vanse todos. Salen el rey, el infante, Zúñiga, Silva y otros.)

Rey   Fantasmas, melancolías
que me seguís de esa suerte;
sombras que sois sueños y muerte
en que descansan los días,
basten ya las ansias mías.
Dejadme, ¡oh, rigor extraño!
Con verdad o con engaño,
todo es pensar y sentir
que solo puedo vivir
más que don Álvaro un año.
Si me cita al tribunal
de Dios y estoy engañado,
que fue siempre el desdichado
tan piadoso y tan leal,
que no me hará tanto mal.
Y ser culpado no espero
permitiendo el trance fiero
con razón o con malicia.

Todos dicen que es justicia
y quebrantarla no quiero.

(Sale doña Juana con manto.)

Juana   Rey don Juan, rey de Castilla,
y merecedor del mundo,
en el título Segundo,
y primera maravilla,
a tus pies, señor, se humilla
la misma lealtad, la fe,
la que sin alma se ve
sin don Álvaro, y es ya
sombra de lo que será,
no sombra de lo que fue.
    Rey piadoso, ¿cómo puedes
matarnos con impiedad,
que siendo yo su mitad
el mismo fin me concedes?
¿Desdichas son tus mercedes?
Una de dos, rey airado,
si él erró, tú estás culpado
en darle honor imprudente;
si no erró y es inocente,
¿por qué ha de ser desdichado?
    ¡Ea! Rey, que es singular
la piedad en la grandeza.
La misma naturaleza
pelea por conservar
lo que ha sabido criar.
Imita a Dios, si renombre
pretendes que al mundo asombre,
que antes quiso padecer
que borrar ni deshacer

esta fábrica del hombre.

Rey (Aparte.) (Con el alma enternecida,
entre piedad y rigor,
yo vengo a estar como flor
de dos vientos combatida.
Pesando estoy muerte y vida.
¡Oh, tú, justicia! ¿Aquí estás?
¿Aquí, amor, lágrimas das?
Pelead con esperanzas,
muera, viva en las balanzas.
¡Pesó la justicia más!)

Juana Dueño mío, no hay piedad;
trofeos de la Fortuna
serán tu pompa veloz
y tu majestad caduca.
Hoy morirás, y tan pobre
que te falte sepultura;
mas no importa, prodigiosas
serán las exequias tuyas.
Los montes serán, del mundo,
pirámides y columnas
de tu risco monumento.
No le igualará el de Numa.
El cóncavo de los cielos
será la fúnebre tumba
que la temerosa noche
con sus bayetas la cubra.
Las estrellas serán hachas
pues son faroles que alumbran
en el entierro del Sol,
en la tristeza nocturna.
Lágrimas serán las fuentes

que el mar anhelando buscan,
y las voces de la fama
epitafios que reduzcan
a alabanzas tus desdichas.
Si el rey falta, Dios te ayuda,
porque tan grande varón
no cabe en menores urnas.

(Vase doña Juana.)

Rey
Movido de aquellas voces,
más piadosas que importunas,
ya que la noche ha salido
tenebrosa, triste y muda,
seguidme todos, seguidme,
y esta acción tened oculta,
porque historias no la digan
a las naciones futuras.
Porque nadie nos conozca,
los que vinieren se cubran
que quiero ver el teatro
donde trágicas figuras
representan mi justicia.

Infante
¿Dónde vas, señor? ¿Qué buscas
por estas calles?

Rey
La plaza
donde los hados sepultan
mis mercedes, mis favores,
en agravios y en injurias.
¡Vive Dios, que si no es muerto,
que aunque el reino se conjura
contra él, ha de vivir;

	mas ya mi tardanza es mucha!

Silva

Ya estás, señor, en la plaza
que parece que con plumas
has venido.

Zúñiga

            Y allí tienes,
si los ojos no lo dudan,
el espectáculo triste.

Rey

¿Quién habla en él? ¡Oye, escucha!

(Descúbrese la mesa enlutada, la cabeza aparte y el cuerpo a un lado, una vela en un candelero, y Moralicos enlutado pidiendo.)

Moralicos

Dadme, por Dios, hermano,
para ayuda a enterrar este cristiano.

Rey

¡Ay, Luna, Luna triste!
Saliste tarde y presto te pusiste.
Nunca a crecer llegaras,
porque si no crecieras, no menguaras.

Moralicos

Dadme, por Dios, hermano,
para ayuda a enterrar este cristiano.

Rey

Si la vida no le di,
¿qué importa la sepultura?
Honras le hiciera en la muerte
pero de hacerlas resultan
inconvenientes agora
que de su bien me descuidan.
Arrepentido estoy ya.
Reyes de este siglo, nunca

deshagáis vuestras acciones
ni borréis vuestras hechuras.
¡Oh, quién a mis descendientes
avisara que no huyan
de los que bien eligieron
para la privanza suya!
Y acabe aquí la tragedia
de la envidia y la Fortuna.
Acabe aquí el gran eclipse
del resplandor de los Lunas.

Fin de la comedia

Libros a la carta

A la carta es un servicio especializado para

empresas,

librerías,

bibliotecas,

editoriales

y centros de enseñanza;

y permite confeccionar libros que, por su formato y concepción, sirven a los propósitos más específicos de estas instituciones.

Las empresas nos encargan ediciones personalizadas para marketing editorial o para regalos institucionales. Y los interesados solicitan, a título personal, ediciones antiguas, o no disponibles en el mercado; y las acompañan con notas y comentarios críticos.

Las ediciones tienen como apoyo un libro de estilo con todo tipo de referencias sobre los criterios de tratamiento tipográfico aplicados a nuestros libros que puede ser consultado en Linkgua-ediciones.com.

Linkgua edita por encargo diferentes versiones de una misma obra con distintos tratamientos ortotipográficos (actualizaciones de carácter divulgativo de un clásico, o versiones estrictamente fieles a la edición original de referencia). Este servicio de ediciones a la carta le permitirá, si usted se dedica a la enseñanza, tener una forma de hacer pública su interpretación de un texto y, sobre una versión digitalizada «base», usted podrá introducir interpretaciones del texto fuente. Es un tópico que los profesores denuncien en clase los desmanes de una edición, o vayan comentando errores de interpretación de un texto y esta es una solución útil a esa necesidad del mundo académico.

Asimismo publicamos de manera sistemática, en un mismo catálogo, tesis doctorales y actas de congresos académicos, que son distribuidas a través de nuestra Web.

El servicio de «libros a la carta» funciona de dos formas.

1. Tenemos un fondo de libros digitalizados que usted puede personalizar en tiradas de al menos cinco ejemplares. Estas personalizaciones pueden ser de todo tipo: añadir notas de clase para uso de un grupo de estudiantes, introducir logos corporativos para uso con fines de marketing empresarial, etc. etc.

2. Buscamos libros descatalogados de otras editoriales y los reeditamos en tiradas cortas a petición de un cliente.